守望者
The Catcher

教育与公共价值的危机

—— 驳斥新自由主义对教师、学生和公立教育的攻击

Education and the Crisis of Public Values

Challenging the Assault on Teachers, Students, & Public Education

[美] 亨利·A·吉鲁（Henry A. Giroux） 著

吴万伟 译

中国人民大学出版社
·北京·

关于作者

亨利·A·吉鲁（Henry A. Giroux，1943—　），著名社会批评家，美国批判教育学的创始理论家之一，先后在波士顿大学、迈阿密大学和宾夕法尼亚州立大学任教。2005 年起担任加拿大麦克马斯特大学英语和文化研究系全球电视网讲座教授和"挖掘真相"董事会成员。吉鲁著述甚丰，有著作 50 多部，发表学术文章 300 多篇。最新著作包括《社会的黄昏：可处置性时代复苏的公共性》和《青年的反叛》。2002 年，吉鲁曾被英国劳特利奇出版社评为当代 50 位教育思想家之一。

关于本书

《教育与公共价值的危机》考察了美国社会的公共价值观转变以及美国背离民主走向市场的教育模式。书中讨论了公共教育作为民主的公共空间的理想遭受的围攻，鼓励教育家成为投身于创建构成性学习文化的公共知识分子，培养人们捍卫作为普遍公共利益的公立教育和高等教育的能力，因为这些对民主社会的生存来说至关重要。

关于译者

　　吴万伟，河南洛阳人，武汉科技大学外语学院教授，翻译研究所所长。译著有《行为糟糕的哲学家》（新世界出版社，2006）、《中国新儒家》（上海三联书店，2010）、《分配正义简史》（译林出版社，2010）、《大西洋的跨越》（译林出版社，2011）、《城市的精神》（繁体版：财信出版有限公司，2012；简体版：重庆出版社，2012）、《儒家民主：杜威式重建》（中国人民大学出版社，2014）等。

我的一生中一直有幸得到异常勇敢和聪明的女性的保佑。
本书就献给这些福星，她们是：

苏珊·希尔斯·吉鲁

卡罗尔·贝克

格蕾丝·帕洛克

玛雅·萨巴多斯

安托瓦内特·索莫

维多利亚·哈伯

莱斯利·撒切尔

玛雅·施纳沃尔

序言和致谢

虽然我们非常尊重查尔斯·狄更斯（Charles Dickens），但对美国公
立教育和高等教育而言，现在恐怕是最糟糕的时期。公立学校越来越多地
被视为一种产业，"顾客满意度"和效率被置于凌驾一切的首要地位，而
这些主要是依据实证性的问责措施等狭隘的标准来评判的。当公立学校不
是作为产业或潜在的、利润丰厚的投资来运作时，它们简直就变成了控制
中心，维持着意在惩罚那些因为种族和阶级而被边缘化的年轻人的惯例。
贫穷白人、棕色人种和黑人的孩子不仅进入成绩差的班级，而且在走出学
校大门后直接进入通常所说的从学校到监狱的管道。如今学校已经变成特
权阶层的训练中心和穷人的遗弃区。公立学校老师现在被视为新的"福
利女王"；大学教师不被看作批判性的知识分子和专心研究学问的学者，
而被视为职业承包商的新阶级。与此同时，右翼政客控制下的很多州采取
的严厉政策打着财政紧缩的幌子大肆削减教育经费，各个层次的高等教育
因而都面临资金严重短缺的困境，大学已经被改造成文凭工厂，按照大公
司的价值观、社会关系和管理模式进行重组。无论是公立教育还是高等教
育，开设的课程不仅促成而且鼓励了学生的无知，因为课程内容的价值几
乎完全依据这样一种哲学确定的，即任何不能被量化的东西都被视为毫无
用处。在企业教学法看来，批判性思考、独立自主、发挥想象力或培养学
生的公民责任意识等统统没用。积极反思和行动的老师、提出令人不舒服
的问题的老师、挑战官方权力话语的老师、推动真理探索并支持自由实践
的教学法的老师即便不被视为反美分子，现在也一律被看作动机可疑的
家伙。

与此同时，在右翼政客、保守派和企业利益当道所造成的绝望和愚蠢

之中，我们完全不清楚是否还有一丝希望。就在笔者写这篇序言之时，全世界的工人和年轻人正在游行和示威，他们反对市场经济的命令、价值观和政策，因为这些已经腐化了政治，破坏了公共价值观，并把民主推向消失的临界点。工会、公立学校教师、高等教育和维持公共价值观活力所需要的所有公共空间都遭到挑战，其遭受攻击的方式令仍然相信实质民主理想和承诺的所有人都感到震惊。在美国，攻击工会的政客如威斯康星州州长司各特·沃克（Scott Walker）和新泽西州州长克里斯·克里斯蒂（Chris Christie）希望抽去社会服务的核心内容，然后将其卖给出价更高的竞标者。他们并不孤单，而是一种政治运动的表征。这场政治偏激运动企图摧毁批判性的文化、尽职尽责的官员，以及赋予美国的公立教育和高等教育以活力、实质内容和希望的机构。

因为美国已经变成市场社会，民主的意义已经遭到背叛，在私有化、拆除管制和摧毁公共生活的所有残余方面，企业力量和金钱似乎所向披靡。美国的海外军事行动现在有了相应的匹配品——国内战争。伊拉克、阿富汗和利比亚战争已经找到了与之对应的国内战争，只不过打击的对象是国内穷人、移民、年轻人、工会、公共领域工作者、社会福利和学校老师。保守派和茶叶党极端主义者呼吁的共同牺牲已经成为这样一种模式，即毁掉福利社会，保留和扩大超级富豪和大公司的权力，用大幅减税为顶端的1%人口聚敛财富，同时把全球经济衰退的负担转嫁到工人和穷人肩上。原本要对付华尔街金融大鳄造成的全球经济衰退的那些赤字削减和财政紧缩政策，现在却剥夺了教师的集体协商权利，取消了长期以来与社会福利有关的项目，并把年轻人交给思想已死的学校和债务缠身的未来。美国大部分民众现在已经体验到了绝望、被抛弃的感觉和不必要的人类痛苦，生活的困苦常常不只令他们境遇凄惨，甚至到了威胁生存的地步。适者生存、优胜劣汰的伦理学取代了团结互助、社会责任和关爱他人的可靠观念。意识形态似乎不再重要了，因为右翼共和党人对辩论和说服已经越来越缺乏兴趣，他们更愿意使用严厉的立法欺负所谓的敌人，甚至在必要的时候采用赤裸裸的威胁。威斯康星州州长司各特·沃克曾提出要动用国民警卫队以防止教师工会抗议可能失去的集体协商权和一系列反工人的提案。

国家层面上缺乏可靠的领袖，年轻人和工人都在观察世界各地尤其是动荡的阿拉伯国家和西欧国家——如法国、英国和德国——发生的争取民主运动。国外的斗争让美国人意识到若集体问题的个人解决办法失掉了合法性后将会发生什么事，这种解决问题的办法恰恰是新自由主义意识形态的核心。世界很多国家都出现了大规模的示威游行、激烈的街头抗争、非暴力聚会、作为替代性政治和教育工具的新媒体的广泛使用。长期以来受到压抑的争取集体行动的愤怒像火山一样爆发出来。这种抗议也发生在美国的一些城市，虽然参与人数不是很多。许多美国人再次求助于民主，但拒绝了投票这种空洞的形式，也抛弃了它不真诚的应用，正是这种投票为生产庞大财富和收入不平等的政治体制确立了合法性并为之辩护。民主的承诺仅仅体现在口头上，严酷的现实暴露了它的虚伪。民主的力量具有传染性，人们只能希望那些相信教育是批判能力、政治和民主本身的基础的人会投身反对过去30年来美国转向政治和经济威权主义体制的任务。

这里的问题是，我们需要新的词汇、新的眼光和新的政治以激发新的民主前景。这种前景能想象出一种生活和社会，里面没有无休止的军事战争，没有物质浪费，没有极端的不平等，没有被抛弃的人口和不必要的人类痛苦。《教育与公共价值的危机》的核心是一种信念，即除非正规学校内外的教育被视为任何可靠的政治观点的核心，否则就不可能有变化。要出现真正的改革，就必须使可靠的、批判性的、构成性的文化到位，这种文化支持积极投身公共生活、公民勇气、公共价值观、异议、民主管理模式的观念，同时还要真正相信自由、平等和正义。人和机构很重要，但思想观念更重要，学校内外的知识分子有责任为不同年龄的美国人提供条件，使其有能力进行批判性思考。只有批判性地思考才能有充满想象力的行动，才能接受美好生活就是公平正义的生活的概念，在这样的生活中，民主的价值、实践和眼光延及每个社会成员。希望本书能为该工程贡献绵薄之力。

笔者想感谢夫人苏珊·希尔斯·吉鲁（Susan Searls Giroux）帮我思考了这些章节中的很多观点，也感谢玛雅·萨巴多斯（Maya Sabados）、詹妮弗·费舍尔（Jennifer Fisher）、格蕾丝·帕洛克（Grace Pollock）阅读、编辑本书并使其整体水平得以提升。笔者非常感谢挖掘真相

(Truthout) 的诸位同仁维多利亚·哈伯（Victoria Harper）、莱斯利·撒切尔（Leslie Thatcher）、玛雅·施纳沃尔（Maya Schenwar）允许我把观点传播到公共空间，检验我面向更广泛知情读者说话的能力。笔者还要感谢好朋友肯·萨尔特曼（Ken Saltman）、唐纳德·马塞多（Donaldo Macedo）、克里斯托弗·鲁宾斯（Christopher Robbins）、大卫·克拉克（David Clark）、图鲁·奥罗兰大（Tolu Olorunda）给予我的支持和帮助。随着笔者进入人生的暮年，很多好朋友的帮助将让最近的人生转折变得不那么困难。笔者要特别感谢劳伦斯·哈特（Lawrence Hart）、萨布哈希·迪格赫（Subhash Dighe）、卡洛琳·莱维斯（Carolyn Levis）、布鲁斯·科尔曼（Bruce Korman）、司各特·胡恩（Scott Huehn）。笔者也非常感谢系主任苏珊尼·克罗斯塔（Suzanne Crosta）的慷慨经济资助，感谢加拿大社会科学和人文科学研究委员会的大力支持。本书某些章节的不同版本曾经发表在《高等教育记事》（*The Chronicle of Higher Education*）、《教育的政策未来》（*Policy Futures in Education*）和《自然状态》（*State of Nature*）上。

目　录

第一章　为危机时期的公立学校教师辩护……………………………… 1

第二章　慷慨害人：比尔·盖茨、公立学校教师及羞辱政治 ………… 13

第三章　没有工作的教师和没有希望的教育：超越救助和测量崇拜
　　　　陷阱 ……………………………………………………………… 30

第四章　特许学校的灾难：为什么邓肯的企业学校无法提供真正
　　　　重要的教育 ……………………………………………………… 49

第五章　低能化的教师：以改革的名义攻击教育学院 ………………… 73

第六章　企业文化和公立教育的死亡：布隆伯格市长、大卫·
　　　　斯坦纳和企业"领导力"政治 ………………………………… 88

第七章　公共知识分子、清晰政治和语言危机 ………………………… 99

第八章　保罗·弗莱雷和见证教育学………………………………… 116

索　引………………………………………………………………… 124

专有名称译名对照表………………………………………………… 133

译后记……………………………………………………………… 141

第一章　为危机时期的公立学校教师辩护

　　从前把公立学校教育视为重要的公共服务的高尚传统在美国已经迅
速衰落了。这个由重要学者如简·亚当斯（Jane Addams）和约翰·杜威
（John Dewey）提出的民主遗产尊重教师的价值，因为他们为服务更大的
社会利益奠定了关键的教育基础。教育者被视为宝贵的资源，教导学生如
何为自己的未来承担责任，形成对正义矢志不渝的忠诚，提高辨别强有力
论证和包含严重偏见观点的能力。这样的教育注重培养年轻人成为具有批
评能力的公民，拥有成人生活所需要的价值观、技能和知识。这样的公民
应该有能力质疑"常识"、官方说法、公共舆论和主流媒体。创造条件以
培养学生具有批判能力是教学过程的核心内容，也是让学生能够影响和扩
展民主机制的更大工程的组成部分。但是，1980 年以来，教师遭遇了前
所未有的攻击，这些势力把学校当作私人权利而非公共利益。在当今的教
育气候下，教师很少被赋予理所当然的公共知识分子地位，其实他们仍然
是学生学习过程中的最重要因素，同时也是道德指南，用以测量社会对青
年和未来的投入有多么严肃和认真。但教师现在被去技能化，被非正式地
从学校管理过程中剔除出去，在很大程度上被贬低为工匠或从属于安保权
威的附属品。教师们也成为右翼政客的替罪羊，他们被视为新"福利皇
后"，教师工会被看作对企业权力和亿万富翁支持的市场驱动的教育运动
的价值观的威胁，这些运动试图把学校教育变成获取利润的投资而不是公
共利益。在这种转型背后是若干急于将学校私有化并用职业培训取代教育
的势力，通过以犯罪为核心管理贫穷白人和少数族裔学生上学的学校，将
教学简化为简单模式的测试和考核。

　　公立学校的角色和教师本质的这种有害的转型随处可见。推动高利害

（high-stakes）考试并以考试成绩评价教师教学质量的法律的通过已经限制了教师的自主性，并破坏了批判性教学的可能性和学生富有想象力的学习目标。[1]教师不再被要求批判性地思考并在课堂上进行创造性的革新；相反，从最好处说，他们现在被迫简单地实施既定的教学程序和标准化内容，从最坏处说，这遏制了教师的想象力，而使用宝贵的课堂时间教导学生掌握考试技巧。受制于可以被贴上"空洞的"或"被剥光"的标签的教学法，教师已经远离了探索和反思过程，被贬低为实施因循守旧的限时任务教学法的机器，这种教学法对学生产生极大的危害。在为这种教学实践辩护的言论烟幕背后，存在着概念和实行之间的分离，这最初不过是官僚和主要是保守派的基金会的专家炮制出来的玩意儿。至于教师如何激发学生的兴趣，如何让知识变得有意义以便使之具有批判性和有改变力量，如何与父母和更大的共同体一起工作，如何在课堂和社区发挥权威作用成为建设性的教学力量等问题，现在统统被牺牲掉了，取而代之的是听命于工具理性的支配，这在很大程度上从可测量的效用的视角被定义。

这种话语很少谈论为公立学校分配更多联邦资金，更新年久失修的学校基础设施或提高工资以便扩大合格教师的总量。人们不再称赞教师为公众服务作出的贡献。除了相信教师教育我们的孩子之外，我们忽略或贬低了教师提供的防火墙的价值，正是这种防火墙将沉溺于暴力和偶像崇拜的文化与激进的、充满想象力的可能性隔开，受到良好教育的、具有批判能力的人能够改造我们周围存在的经济、政治或种族上的不公不义和在公立学校表现明显的不公平。教师被迫采取一种糟糕的教育理想和哲学，从而被剥夺了价值与尊严，因为这种教育几乎不尊重知识或批判性课堂教育实践赋予学生力量的可能性。不客气地说，任何知识和技能，只要无法被测量，或被认定为与工作无关，就会被视为可有可无的东西。任何老师，只要拒绝实施通过"客观"评价标准考核年轻人的标准化课程，就会被判定为不称职。任何教育者，只要相信学生应该不仅仅学习遵守规则、接受考试、掌握工作技能或者轻易地接受主宰当今社会的残酷无情的市场价值观，"就将遭遇最狂热、最残酷和最坚决的抵抗"——这是詹姆斯·鲍德温（James Baldwin）在《给老师的话》中的用语。[2]虽然教育的神秘特征一直与现实不一致（如鲍德温在谈及贫穷的黑人孩子所接受的破坏性教育时所说），当今公立学校遭受的攻击的确显示"我们生活在一个非常危险的时代"[3]。

随着教育退化为没有头脑地痴迷于度量衡和考试模式，公立学校越来越多地强制推行这种令人窒息的管理措施，这些纪律令人想起监狱文化；而且，因为惩罚性的词汇和惩戒体制替代了教育，学生的很多行为被视为犯罪，造成很多严厉法规的实施，从而将许多孩子推向了青少年管教中心或成人拘留所和监狱。[4]随着惩戒管理体制的兴起，战争成为学校的一种有力的管理模式，其后果之一是教师越来越避免以对待重要社会投资和未来民主象征的方式和孩子们打交道。随着学校的军事化，学生的不良行为变成需要警察或安全力量处理的议题。由于被剥夺了课堂生活的规范性和教学法框架，教师不再有其他选择，他们不敢越雷池一步，不敢实验，不敢写诗，不敢激发学生的创造乐趣。他们已经没有了教学的自由和力量，用杜波依斯（Du Bois）充满诗意的语言来说就是：不敢"去学习与星星交流"[5]。

相反，学校已经变成了一种旨在扼杀师生想象力的死亡时间。长期以来，教师一直在向学生提建议，纠正其行为，帮助他们处理个人问题，设身处地地理解他们的处境，哪怕是遇到学生最严重的违纪行为也是如此；但是教师作为监护人和积极投身公共事物的知识分子的角色因为推行被剥光的课程已经受到严格的限制。这种课程设置实际上蔑视教师的创造性工作，同时将教师贬低为打工仔。无知、恐惧和学习如何参加不断涌现的考试是如今赋予学校一种使命感和共同感的东西。毋庸置疑，无论是对老 4 师还是对学生而言，其结果肯定是死气沉沉。伟大的想法、知识模式、纪律传统以及可敬的公民理想已经不再有人关心和辩论，也不再被当作用以扩展学生作为具有批判能力的个人和社会成员的潜力的文明力量。知识现在已经被工具化，知识本来可能带来的敬畏、神秘和远见卓识因为被愚蠢的量化和测试逻辑重新定义而变得平庸不堪。正是这种逻辑支配了当今学校的量化考核文化，推动了支配整个社会的效率、生产率和消费主义的更大矩阵。因为测试本身变成了目的，它不仅抑制了批判性思考的可能性，而且剥夺了教师进行批判性思考、采取充满想象力的教学法的可能性。这种从市场企业文化学来的赤裸裸的教学模式把教师当成快餐店拿最低工资的打工仔，蔑视那种将公立学校当作少数幸存的能让学生学习如何处理复杂观点之地的观念。随着公立学校变得越来越亲近企业，教师变得越来越无能为力，学生变得越来越愚昧无知。事实上，在某些公立学校，学生去上课的时候会发现老师根本就不在教室里，取而代之的是电脑在提供在线教育课程。多达100多万的学生发现其教室里唯一的成年人是电脑技师。在迈阿密市戴德县公立学校，7 000多名学生的教室里没有老师。回答问题的是实验室工作人员，但他们不过是技术员。佛罗里达州的许多学生报名上学，结果却吃惊地发现他们来到了虚拟教室。迈阿密珊瑚礁中学的英语老师克里斯·库齐纳（Chris Kurchner）称这种方式是为"犯罪分子"上课，他坚持认为："他们以最糟糕的方式实行标准化，这是虚拟教室中常见的情况。"[6]该教学方法的唯一价值似乎是让学区节省了花在教师和大楼上的费用。[7]不幸的是，这种教学方式与其说是教学倒不如说是对教师、学生和批判性教育模式的根深蒂固的蔑视。该教学方式还得到了亿万富翁改革者比尔·盖茨（Bill Gates）的支持，他通过向这些学校出售在线课程而获得了数百万美元的利润。

　　我们可以在参议院第6号法案中找到一个针对教师、有意义的知识和批判教育学的空前攻击的现实例证，该法案是佛罗里达州立法者推行的。

5 在该法案中，教学质量和对教师价值的评判完全由学生在标准化考试中的成绩来决定。教师的工资将取决于这些成绩的高低，而教师的教学经验被认为无关紧要。而且，更高的学位和专业资格证书在决定教师薪水上的重要性变得越来越小。在经验主义的残酷现实面前，专业经验和质量证书显得微不足道，这种经验主义似乎与大部分教师面对的日常挑战并无多大关系。但是该法案关系重大，绝不仅仅是对教师角色的倒退的理解和试图消除优秀教学所需的条件、地点和空间的欲望。第6号法案的真正要点是削弱教师的自主性和权威，强迫佛罗里达教师工会接受绩效工资。该法案也规定本地学校董事会的权力受到限制，新教师要被给予最高五年的试用期合同，然后还要遭受每年签订一次劳动合同的羞辱。而且，工资不能作为集体协商的议题，因而贬低了教育和教学的目的。该法案不仅严厉且残酷，而且从教育角度看也非常反动。它旨在把公立学校变成受企业思想支配的议员的政治工具，同时剥夺学生接受任何可靠教学观念的机会。第6

号法案对学校、教师、学生和民主都不利，因为它缺乏对学校工作运行方式的任何可靠的伦理和政治认识，不清楚教育在民主过程中扮演的角色，不知道哪些力量在破坏批判性的教育和学习。然而，这种贬低教学和幼稚化课程设置的论述并没有阐明第6号法案最具破坏性的消极影响：该法案强化了有利于现有阶级、种族和文化等级差异的分层思想。在批评他所说的"基于结果的高利害的考试独裁"中，大卫·普莱斯（David Price）指出了促成这种考试的各种势力及其在政治上发挥威力的方式。他写道：

> 今天，测试设计这个利润丰厚的产业（估计每年产值在7亿美元到10亿美元之间）背后是亦步亦趋的课程产业，就像一群追着救护车跑的人，席卷了美国各地——分发旨在帮助本地区更有效地"应试教学"的辅导教材、活页练习题和各色小伎俩。课程被深陷资金不足困境的学区大幅压缩以满足外部标准的要求。美国中小学的文化越来越多地受到标准化考试的支配。这些考试不再是帮助教师识别个别学生学习状况的诊断性助手而成了目的本身，并为此扮演起惩罚性角色，考试成绩被用来帮助加快美国中小学教育体制的分层。[8]

我们需要新的语言来理解公共教育作为民主机构的构成性力量，以及 6 教师在此工程中发挥的决定性作用。在1988年撰写《作为知识分子的教师》时，笔者认为教育应该被视为道德和政治实践，它总是以某些特定认识为先决条件，如究竟什么构成合法的知识、价值、公民素质、理解方式和未来观等。换句话说，教育总是具有方向性的，总要试图将学生塑造成某种特定的行动者并为其提供对现在和未来的特别理解。虽然学校有简单再生产现有社会意识形态轮廓的悠久历史，但它能做得更多，因而存在着种种危险和可能性。在最糟糕的时候，教师仅被视为看门人；而在最好的情况下，教师是我们在教育子孙后代民主授权的话语、价值观和关系时所能有的最受尊重的职业之一。教师不是冷漠的技术工匠，而应该被视为积极投身公益的知识分子。应该支持教师创造课堂条件的努力，以提供知识、技能和敢于质疑的文化，这是学生参与批判性历史对话、质疑权威并与现有权力关系作斗争的必要条件，培养他们成为积极参与地方性、全国性和全球性公共事务的公民。

就像笔者当年撰写《作为知识分子的教师》时那样，把教师定义为公共知识分子，把学校定义为民主公共空间的必要性在今天仍然存在。促成一种开放性的、敏锐的、具有批判探索精神而不仅仅是灌输性教学法的核心在于这样一种假设，即教师不仅是批判性知识分子，而且能够在某种程度上控制其教学实践的条件。教学科研工作只有在调动个人和社会的能动性，尊重教师在备课、科研、相互合作、参与宝贵的社区活动上所需的时间和条件的情况下才能实现繁荣。换句话说，教师是主要资源，因为这意味着创造条件将教育与批判性学习联系起来，拥抱民主可能性的前景，并尊重学生生活的特殊性和多样性，而不是拘泥于狭隘的职业培训和工具性教育观以及千篇一律的标准化处理方式。因此，教师理应得到尊重，应该拥有自主性、权力，以及教学工作所需的尊严。

这里的基本前提是，如果公立教育是创造合格公民的重要领域，他们不仅有能力运用其自由而且学会质疑统治民主政治生活的基本假设所需要的技能，那么公立学校的教师就必须被允许创造条件使其有能力担负起公民学者的责任。他们能够采取批判性立场，把自身工作与更大的社会议题联系起来，提供多样的读写方式，促成有关重大社会问题的辩论和对话，所有这些都使教师能够为学生提供条件激发其对公民生活重要性的希望和信念。学生应该从课堂中看到教师对这样一条原则的实践：他们**能**在塑造社会方面有所作为，以便扩大所有群体享受民主的可能性。当然，这不仅仅是改变教师或更广大公众的意识或师范教育方式的问题。这些的确是重要因素，但是在承认公立学校教师的价值时必须接受的观点是，在年轻人身上投资是政治学、伦理学和权力议题，所有这些都应该被视为将学校危机、教学危机与民主本身的危机联系起来的更大斗争的组成部分。

全美国的教师现在都因为一系列反民主趋势而分列两侧。一边与残酷无情的市场极端主义虚无形式有关，这种极端主义错误地把学生当成产品，把学习等同于循规蹈矩和约束性的盲从；另一边是反智的、宗教的和政治的极端主义者残余势力，他们认为学校教育是对正统思想的威胁。通过求助于"传统"，他们希望压制教学法的批判性，同时清除那些更看重独立思考而不是人云亦云，更看重教育而不是培训，更看重授权而不是去技能化的教师。与此同时，威斯康星州、密歇根州、佛罗里达州都出现了茶叶党政客的复兴运动。最臭名昭著的是州长沃克发起的攻击工会运动，他打着呼吁紧缩政策和减少赤字的幌子，企图通过剥夺教师集体协商权的法案。这不仅攻击了教师工会而且攻击了公立教育和高等教育的本质。克里斯·海伊斯（Chris Hayes）在《国家》（*The Nation*）中指出："法案的推动力是永久性地剥夺维持了这个国家很多年的公立教育模式的终极目标。教师工会是维持公立教育的管家，而公立教育是公民生活的核心元素。"[9] 保罗·克鲁格曼（Paul Krugman）指出，沃克不只试图在财政上负责"终结工人的协商能力"，他在支持者的帮助下还试图"让威斯康星州——最终让整个美国——不是变成运行良好的民主国家，而是成为像第三世界那样的寡头统治"[10]。他的言论即使不准确，至少也更有力量。所有这些反民主趋势的共同点都是忽略批判性教学，蔑视教师作为公共知识分子的观念，并对那些为此议题斗争的机构充满仇恨。为了反对这些反民主趋势，我们必须迎接挑战，把教学重新定义和重新想象为关键公共服务，并把学校当作民主的公共空间。这意味着提醒教师和关心教育的每个人都意识到自己的责任，采取符合伦理要求的、有风险的立场，并积极参与反对宗教极端主义和在当今公立学校中占主导地位的市场价值观的实践活动。

今天的教育者面临异常严峻的挑战，要创造新的话语、教学法和集体战略作为对民主公共生活的失败作出的政治和伦理回应，它们能为学生提供希望并为复兴教育提供必需的工具。这种挑战意味着我们要竭尽全力维持那些制度性空间、论坛和公共领域的生命力，正是这些支持捍卫了批判性教育，使学生能够发挥作为个体和社会行动者的力量。学生应该学会运用公民勇气，参与社区项目和从事体现社会责任的研究探索。但除非美国公众拒绝听任学校和教师在知识、价值观和技能方面屈服于出价最高的投标者，否则这些都不会发生。从某种程度上说，这就要求一种教学法实践，它将语言、文化、身份与其在更大的物质和社会空间的运用联系起来。这种教学法实践基于这样一个前提，即仅仅教导学生如何批判性地读书、识字、学知识是不够的，他们还必须学会如何根据自己的信念行动，反思自己作为积极参与公共事物的公民的角色并介入世界，这是作为负责任的社会成员应尽的义务。作为批判性的公共知识分子，教师必须为权利而战，他们有权追求梦想，将理想概念化并把它与课堂实践结合起来。他们也必须学会直接应对形形色色的极端主义威胁。正是这些极端主义者竭力要把民主变成小宗教派别或正在兴起的惩戒体制的附属品。教师作为公共知识分子的观念再次意味着教师的最重要角色是教育学生成为批判性思想者，使其成为最好意义上的积极分子，即有思想、有热情的公民，愿意为促成民主的经济、政治、社会条件和制度而奋斗。教育界的公立学校之所以变得如此危险，就是因为它将教学与公民价值、公民勇气和尊重共同利益联系起来，该立场必然与不受限制的个人主义、私有化话语、过分竞争、超级军事化的男性气概以及支配当今教育政策和实践的企业价值观格格不入。

有些批评家坚持认为，在经济困难时期为学生提供工作技能之外的东西将威胁到他们未来在就业市场求职的机会。虽然笔者相信公立教育应该培养学生进入职场的技能，但它也应该教育学生反抗工作场所的不平等，设想工作中的民主组织形式，辨认和挑战不公不义的现象以及违背或破坏自由、平等、尊重全球公共空间的所有人等基本原则的行为。公立教育不仅仅是学习如何考试，如何为就业作准备，或者如何培养批评意识；教育还要想象一个更加民主的社会和更加美好的未来，一个不仅仅是复制现在的未来。与犬儒主义和主流媒体文化形成的去政治的趋势相反，批判性教育要求公民能够将私人考虑与公共议题相沟通，认识到那些否认社会、经济和政治正义的反民主力量，思考自身的经历，并将其作为预测和争取一个更加公平正义的世界的问题。简而言之，公立教育和大学教育的首要议题应该是民主价值而不是商业价值。思想深刻的文化批评家马克·斯鲁卡（Mark Slouka）教授在谈及教育改革的种种主张的核心时考虑了这些议题。最重要的问题是什么？即"在欣欣向荣的民主中，教育的目的是什么？"他写道：

> 问题直截了当：我们教什么？为什么？人们可能假设在我们这样一个欣欣向荣的民主国家，答案同样直截了当。我们教任何有助于独立自主的个人的发展的东西。可以说，我们教是为了扩展可认识、会

推理、能独立思考的人口，他们不仅足够熟悉自身之外的世界，使其判断更富同情心，更具宽广视野（因而有助于国家的政治生活），而且掌握充分的技能以找到生产性工作。应该按这个先后顺序。换句话说，教育的首要功能是教育人，使其参与复杂的和价值无限的公民塑造，培养有能力挖掘心中之善并预先制止心中之恶的人；而不是完成任务。培养劳动者是偶然提及的从属性的工作。[11]

如果奥巴马政府和许多州政府鼓动的右翼教育改革继续进行而不受任何挑战，美国将变成这样一个社会：训练有素的白人精英继续指导技术信息革命，而数量庞大的、低技能的穷人和少数族裔工人只能被迫补充服务领域大量出现的低技能工作岗位（McJobs）。富人和特权子弟将在专门的私立学校接受教育，而其他大部分人即大部分中产阶级、穷人和非白人将只能接受空洞无物的教学法，毕业后即便能够找到工作，也只是在社会底层和低技能服务领域的工作。教师将失去大部分权利、保护和尊严，他们被当作帝国的职员来对待。越来越多的年轻人中学时就辍学，他们将加入被抛弃的人口大军，以前所未有的速度填满监狱。

与这种有害的视角相反，笔者坚信真正的批判性教育绝不能与就业培训混淆。与此同时，公立学校应该被视为像国防一样对国家安全和保障来说极其重要的机构。如果教育者和其他人要防止人们模糊教育和培训的差别，关键就在于挑战当今正在进行的公立学校商业化过程，同时坚守现代社会契约的承诺，即所有年轻人都得到必要的保护和机会。年轻人应该被视为经济和道德投资的首要来源，象征着民主的未来和希望。简而言之，这些关心教育前景的个人和群体需要重申他们对子孙后代的承诺，严肃地接受基督教新教神学家迪特里希·朋霍费尔（Dietrich Bonhoeffer）的信念，即任何民主社会的道德水平的根本检验就在于孩童的生存状况。公立教育要兑现这种伦理承诺就需要不仅重新确立其对年轻人的义务，而且重申其作为民主公共空间的角色并坚定其对教师的支持。

为教师作为热心公益的知识分子辩护，为公立学校作为民主公共空间和公共利益辩护，并不是吁求政治光谱中的任何一种意识形态以确定公立教育和大学教育的未来方向。不过，与此同时，这种辩护的确反映了公立教育和大学教育的特定目的与意义，以及它们在教育学生参与包容性民主的过程中所发挥的关键作用。教师有责任把批评教育学作为伦理学对象来进行，呼吁教育者、父母、学生和其他人行动起来重新确立公立教育作为民主公共空间的地位。在此，教学不是被贬低为学习如何考试，也不是获得低层次的就业技能，而是作为所有师生都可参与推理、理解、对话和批判等活动的安全场所而繁荣起来。如果这样看待教育，教育就成为不断斗争的场所，竭力要维持和拓展一些条件，使人能够在平等、自由和正义等民主命令的指导下进行判断和自由行动。教学变成另外一个斗争场所，旨在认可和论证教师作为批判性公共知识分子的角色，尽管有人试图破坏教师的自主性。把公立学校当作民主实验室，把教师当作批判性知识分子为新一代教育家提供了机会，提醒他们意识到教育是争取民主的伟大斗争，

11 这种斗争意味着将人性从盲目服从权威中解放出来。个人和社会主体通过公共空间保障下的自由才获得了意义，正是在确保独立自主的社会运行的情况下，个人的自主性才有了意义。

当今对公立学校教师的恶毒攻击提醒我们，在民主公共空间、公共利益和公共领域遭受市场狂热分子和其他意识形态极端分子攻击的时刻，我们必须更紧迫地争取获得使民主身份、民主价值、民主政治成为可能和有效的教育条件。民主的敌人要么相信企业能解决所有人类问题，要么认定持不同政见者是恐怖分子的帮凶，这种立场是导致伦理学、政治学和民主观念丧失影响力的做法的共同的思想基础。当今美国两大政党的支配性话语，如问责、私有化和标准化等，不仅使教师去技能化、削弱教师工会的力量、降低课程难度、惩罚学生、创造无知文化，还提供了一种破坏公共利益的教育模式，令人们对培育批判性公民所必需的构成性文化兴趣索然。在这种脆弱的民主状况之下，让学生学习如何管理和成为批判性公民的机会已经陷于遭劫持的可怕危险中。

詹姆斯·鲍德温提醒我们，我们生活在一个危险的时代。但是，作为教育者、家长、积极分子和工人，我们有办法对付当前民主遭受的攻击，那就是开展地区性和全球性的社会运动，争取师生的教学权利，促成成功的课堂教学所需要的自主性、资源和尊重等条件。民主斗争无论怎样强调教师作为知识分子的特殊责任都不过分，他们必须打破传统智慧和意识形

态理论家的神话，即教育者不过是技术工匠或企业的附属品。已经过世的皮埃尔·布迪厄（Pierre Bourdieu）认为："支配性秩序的力量不在经济而在思想和观念领域"，正是在观念领域，我们可以恢复在公共领域中的乌托邦可能性意识。[12]在此情况下，教学不仅与批判性思考有关，而且与社会参与有关，这正是学习和政治本身的关键因素。更确切地说，民主需要优秀教师和批判性教学实践来提供自由的新伦理，并重新确认集体责任是充满活力的民主文化和社会的核心议题。在一定程度上，这个任务意味着任何社会变革运动都需要把教育和师生权利放在斗争的前列。教师在争取民主的斗争中比安保和司法体系更重要。学生理应得到更好的教育，而不仅仅被训练成企业和国家的愚昧帮凶。教师代表了宝贵的资源，是能够教 *12* 育学生使其有能力对抗当今威胁这个国家的集体疯癫的少数群体之一。我们需要严肃对待教师，给予他们所需的自主性、尊严、劳动条件、薪水、自由、时间和支持。公立学校教育作为公共服务的恢复、扩张和保护，或许是美国人在21世纪必须面对的最严峻挑战。

注释

[1] 有关高利害考试的精彩批评，参见 Sharon L. Nicholas and David Berliner, *Collateral Damage*: *How High-Stakes Testing Corrupts America's Schools* (Cambridge，Harvard Educational Press，2007)。大卫·柏琳纳和布鲁斯·比德也写了为公立教育辩护的文章，参见 David Berliner and Bruce Biddle, *The Manufactured Crisis*: *Myths，Fraud，and the Attack on America's Public Schools* (New York：Basic Books，1996)。

[2] [3] See James Baldwin, "A Talk to Teachers," *Saturday Review* (December 21，1963)，http://richgibson.com/talktoteachers.htm.

[4] See Henry A. Giroux, *Youth in a Suspect Society*: *Democracy or Disposability*? (Boulder：Paradigm，2009).

[5] Cited in Gayatri Chakravorty Spivak, "Changing Reflexes：Interview with Gayatri Chakravorty Spivak," *Works and Days*，55/56：Vol. 28，2010，p. 8.

[6] Laura Herrera, "In Florida, Virtual Classrooms with No Teachers," *The New York Times* (Janauary 17，2011)，p. A15.

[7] Trip Gabriel, "More Pupils Are Learning Online, Fueling Debate on Quality," *The New York Times* (April 6，2011)，p. A1.

[8] David H. Price, "Outcome-based Tyranny: Teaching Compliance while Testing Like a State," *Anthropological Quarterly* 76: 4 (Fall 2003), p. 718.

[9] Chris Hayes, cited in Sara Jerving, "The Future of Public Education, as Much as Unions, Is at Stake in Wisconsin," *The Nation* (February 21, 2011), http://www.thenation. com/blog/158754/future-public-eduction-much-unions-stake-wisconsin.

[10] Paul Krugman, "Wisconsin Power Play," *The New York Times* (February 20, 2001), p. A17.

[11] Mark Slouka, "Dehumanized: When Math and Science Rule the School," *Harper's Magazine* (September 2009), pp. 33-34.

[12] Pierre Bourdieu and Günter Grass, "The 'Progressive' Restoration: A Franco-German Dialogue," *New Left Review* 14 (March-April 2003), p. 66.

第二章 慷慨害人：比尔·盖茨、公立学校教师及羞辱政治

我们生活在一个非常危险的时代，每个人以这样或那样的方式都能意识到这一点。我们处于革命的情境中，无论这个词在这个国家已经变得多么不受欢迎。我们的社会已经从内部陷入绝望的危险。这个国家的任何一位自认为有责任心的公民都必须准备好陷入"神经崩溃的境地"，尤其是你们这些与年轻人的思想和心灵打交道的人。换句话说，你们必须明白，无论在课堂上还是在整个社会中，在试图纠正这么多代人的不守信用和残酷无情时，你们将遭遇最狂热、最残酷和最坚定的抵抗。假装这种情况不会发生是没有用的。

——詹姆斯·鲍德温《给老师的话》[1]

鲍德温再次让我们初步领略了不守信用、残忍文化和羞辱政治的遗产，自从 1963 年他发表这些言论之后，这些遗产在美国社会就越来越占上风。他的话反映了革命热情的转变，标志着从更早时代对实质性民主化的投资转向一种试图彻底摧毁美国教育的民主潜力的新兴运动。鲍德温所言过后大约 50 年，这种恶劣行径就像可怕的惩罚性瘟疫一样肆虐美国。具有讽刺意味的是，人们是以教育改革的名义拥抱这些实践的，其"革命性"的主张与鲍德温争取的民权运动革命完全背道而驰。教师从前是为平等和正义而奋斗的热切的公仆，如今却被迫与严重的阻碍相伴，就好像是在一个场所被蒙住眼睛和塞住嘴组装起来似的。过去几十年始终不变贯彻的就是鲍德温总结的"不守信用和残酷无情"的遗产，只不过因为它在公共生活中已经无所不在所以变得不那么引人注目而已。如今，在不守信用和残酷无情之外还添加了权力帮助下的羞辱政治，这种情况因为在全天候媒体上持续不断地传播并通过无数的商业化媒介轻易被获得而变

得更加严重。

在谈及残酷文化和羞辱政治时，笔者说的是被广泛采取并使之制度化的一套价值观、政策和象征性做法，它们为针对民众的组织化暴力辩护，并导致必然的艰难、痛苦和绝望。这种做法越来越多地伴随着形形色色的羞辱，其中个体和群体的性格、尊严和身体都成为被攻击的对象。一个极端形式是布什政府在伊拉克推动的国家批准的虐囚行为，阿布格莱布监狱牢房中流出的羞辱画面完全暴露在世人的面前。羞辱政治也通过象征性体系、不同的称呼和多样的框架机制而起作用，其中目标对象被妖魔化的术语呈现，他们被剥夺了尊严，被置于遭到嘲笑甚至遭受暴力攻击的地位。例子之一就是亚利桑那州通过的严厉的反移民法案，同时禁止在该州公立学校讲授民族学。羞辱政治及其伴随的残酷性文化也体现在已过世的皮埃尔·布迪厄所说的权力的象征性维度，即意义和重要性的潜在体系和多样化交流方式，通过扭曲、歪曲和垄断叙述等方式来保护、巩固支配关系并使其正常化。[2] 这种政治背后的秩序不在其缺席而在它求助于常识并宣称其客观性和无政治性。在此意义上，文化变成了最强大和最具说服力的教学形式发生的场所，这恰恰就是因为文化常常否认其教学和规范化的功能。

为它们辩护的不守信用行为和文化政治突出表现在许多学校采取的零容忍政策。"零容忍"不外乎是为针对贫穷白人和有色种族子弟的无情惩罚所作的辩护，如把违反衣着规范的琐碎小节当作犯罪行为。这种学生遭到警察袭击，被戴上手铐并送上警车，甚至被关进拘留所。[3] 在此情况下，惩罚变得比教育更重要，同时根据具体情况区别对待的判断让位于刑罚途径的严格管理。《福克斯新闻》和宣传仇恨的电台等公共空间里充斥着羞辱性话语，这些机构为众多所谓的专家提供了论坛，他们在上面大放厥词，肆意侮辱女权主义者、环保主义者、黑人、移民、有进步思想的批评家、自由派媒体、奥巴马总统，以及任何反对咄咄逼人的新媒体意识形态极端主义和宗教极端主义思想的人。羞辱和惩罚政策也表现在刑事审判体系的不断扩张上，后者经常被用来处理本来应该通过社会改革而不是惩罚解决的问题。无家可归者现在若长期在公共图书馆逗留、在公园睡觉、在很多城市中心向路人行乞就可能遭到逮捕。接受社会福利的人越来越多地受到政府机构的骚扰。欠债不还就会被抓起来的现象死灰复燃，数百万人现在根本没有办法支付各种账单而只能违约。[4]失业者、无家可归者和生活在贫困线以下者越来越多，他们被政府和主流媒体仅仅当作统计数字素材用以计算国民生产总值的健康程度，而他们的艰难生活则鲜被提及。数百万人被剥夺了医疗保险，不管病得多么严重都不会得到治疗，因为他们付不起医药费。不是实施社会保障，如人人可享受的充足医疗保险，自由市场资本主义鼓吹者推行的社会政策使数百万人根本没有任何保险。这些人因而被推到需要抛弃的人口群体中，听任他们自生自灭。这些人已经完全被政府、社会和无情的大企业和金融精英抛弃了。

我们还可以从右翼保守派政客如明尼苏达州国会议员米歇尔·巴赫曼（Michele Bachmann）等人的言论中听到残酷文化扩张的回音，此人鼓吹最终废除社会保障和联邦医疗保险。共和党众议院预算委员会主席保罗·瑞安（Paul Ryan）希望把政府管理的老人健康保险项目转变成补贴退休者的项目，由退休者从私有保险公司购买保险。[5]而且，他希望大幅削减公共医疗补助（Medicaid），这是针对美国最穷的人的联合资助健康计划；与此同时他却鼓吹扩大对有钱人和有权者的税收减免。这种冷酷残忍的新自由主义意识形态的核心是其无情的目标，即通过把关键的社会保障项目变成私人企业利益来摧毁社会契约，同时通过税赋优惠和其他特权为上层1%的人带来好处，这些家伙现在已经控制了全部财富的40%和国家收入的将近四分之一。[6]我们在反政府的自由意志论者的话语中也听到残酷文化的回声，他们坚持所有问题都是个人自己造成的，那些遭受各种不幸的人不配得到政府的帮助和保护，虽然造成不幸的原因他们无法控制。在这种严酷的新自由主义场景中，个人的命运完全成为个人选择，因而"可以被解释为对个人角色的另一种确认，他们对自己的不幸处境负有无法推卸的责任"[7]。构成这种羞辱话语框架的权力傲慢和残酷无情已经越来越流行，因为在这种社会中，人们已经学会了憎恶任何残余的社会契约。我们在比尔·盖茨这样的超级富豪口中听到下面这种说法，即退休教师的养老金应该削减。这是全球最富裕者提出的虚伪、冷酷无情的要求，具有反讽意味的是，盖茨还是世界最著名的慈善家之一。[8]在政客要削减食品券优惠的努力中，我们也看到羞辱和残酷政治的体现，他们这么

16

做是在公开诋毁穷人。在新自由主义极端主义者和信仰自由市场价值观者的话语中，社会保障和权益支出被视为大政府腐败的表现，是需要去除的糟粕。他们不加怀疑地相信市场自由的观念，即人人都是可牺牲或可抛弃的。右翼政策制定者通过减免富人和企业的税负而故意造成赤字，这样就可以削减花在社会福利、社会保障和社会安全网上的开支。事实上，残酷文化和羞辱政治让人们更容易忽略他人的不幸，而对真正腐败的个人和权力机构的政策和做法却漠不关心。正是这些家伙，牺牲大部分人的利益牟取暴利，却让大众陷于痛苦、社会陷于艰难。

更加令人担忧的是羞辱文化的发展伴随着错位和虚假陈述组成的造型政治。例子之一是企业精英如比尔·盖茨（微软）、菲利普·安舒尔茨（Philip Anschultz）（丹佛石油公司）、杰夫·斯科尔（Jeff Skoll）（电子商务网站 eBay）等的努力，他们利用权力和资金充裕的基金会注入数百万美元开展大规模的公共教学法运动，以越来越两极化和妖魔化的术语描述美国的公立教育体系、教师工会和公立学校老师。[9]此时，羞辱打着慷慨的幌子，同时还伴随着转移注意力的企图，导致人们不再关注真正的问题和改善美国公立教育所需要的解决办法。[10]影响学校的真正问题如贫困加剧、无家可归、弱势群体公共服务的消失、广泛的失业、公立学校的重新隔离、财富和收入的极端不平等、教室过分拥挤、腐败和邪恶的学校财政体系，在这些超级富豪的教育话语中统统消失了。而且，这些反公立学校 *17* 的改革者推动的政策受到大规模公共关系运动没完没了的吹捧，这种片面的、政治上反动的、宗派性宣传旨在扰乱和淹没进步人士的批判声音。

我们可以从富豪和精英机构利用大众媒介推动他们的意识形态，尤其是那些支持使公共价值观、公共领域和民主公共生活贫瘠的意识形态上看出这种软性支配模式的基础。《等待超人》、《卡特尔》和《彩票》等电影宣称展示了说真话的艺术，实际上却发挥了宣传机器的作用，它们是在从迪斯尼帝国的强大和灵巧的促销机器中获得灵感的文化机制下制作和发行的。[11]就像在紧急情况下隐身和飞行时洒上精灵之尘一样，新的市场驱动的文化机构和教育界反改革者的公共教学法用电影和其他媒体对美国民众连篇累牍地轮番轰炸，大声疾呼改革，不断宣扬其所谓的善意，一面诋毁公共教育，一面鼓吹赌场资本主义。但是，美国人基本上认可

"慈善文化"，这与英国人不同，著名批评家特里·伊格尔顿（Terry Eagleton）指出："就像不愿意让查尔斯王子在特拉法加广场向穷人分发救济粮一样，人们也不愿意依靠亿万富翁来负担孩子的教育。多数英国学生相信高等教育应该是公共责任，应该免费。"[12]这恰恰是反公立学校改革者企图在美国公立教育和高等教育话语中消除的立场。

这些所谓的教育改革者的话语极其简单化和两极化。它缺乏对公立教育的真正问题和优势的任何理解，取而代之的是专制策略与妖魔化和羞辱的话语。比如，《等待超人》不是要教育观众，而是用充斥着可疑观念的虚假陈述对观众进行地毯式轰炸，肆意诋毁公立学校和教师的形象。从表面上看，我们从救世主式教育改革语言中看到紧迫性、大公无私和政治纯洁与慷慨捐助的政治；但是，该话语的背后隐藏着同样陈腐和臭名昭著的热衷于为企业利益服务的新自由主义政策：私有化、压缩规模、外包、攻击工会等，认定竞争是唯一动机，热衷测量，无情攻击教师的自主性，削弱终身教授岗位制，悉数剥夺教育目标中的公共价值，用纯粹工具性术语定义教学质量，强调独裁式管理，盲目痴迷于鼓励死记硬背的教学法和应试教学。如果说到教育改革的话，现在唯一时髦的做法是高利害的问责和领导的惩罚模式，这种改革甚至被人称为一种革命，无论其对教师和学生 *18* 造成了多大的伤害。

激发这场教育改革运动的是盖茨及其亿万富翁朋友们，他们因为对学校的金钱投入而获得了巨额免税优惠。他们使用这些免税优惠积累了更多财富，但纳税的民众却失掉了宝贵的纳税利益，轻易地将公共资助的学校的控制权割让给了富豪和企业大亨。事实上，这根本不是慈善，无论在道德上还是政治上都很不负责任，因为它代表了一种充满敌意的慈善，目的是扩大企业富豪对公立学校的控制权，同时制造出一种他们丰富了公共生活的假象。[13]然而，情况变得越来越糟糕。许多风险投资公司和银行之所以为特许学校投资是因为它们能通过"使用很少被人所知的联邦税收减免"即"新市场税收信贷计划"和"资助新特许学校建设"而获得大发横财的机会[14]，这些建筑一旦完成就会以惊人的高价出租给公立学校使用。

民主目标和公共价值观对热衷于测量、利润和私有化逻辑的改革运动不再有任何价值。事实上，这根本就不是改革而是一种反改革运动，它仅仅是在我的同事大卫·L·克拉克（David L. Clark）所说的"永远存在的消费和从属性"的范围内想象的教学。这是一场试图扼杀批判性思考和想象力的运动，任何严肃看待个人自主性和社会授权的教学观念都受到打压。我们看到越来越多的学校打着改革的幌子，结果却变得越来越像从前的福特工厂流水线或监狱，这些是教育的新死亡区，里面居住的是越来越多地遭到妖魔化的教师和缺乏学习兴趣的学生。但在很大程度上，这却得到新教育改革者的支持，由此造成的对公立学校的蔑视不仅带来了虚假陈述，还带来了羞辱政治。它也掩盖了公立学校陷于反公共改革运动的意识形态和实践时所面临的真正问题。没有人谈到学校管理者的欺骗和腐败，大量成绩不佳的学生毕业，教师去技能化，申请者仅仅因为英语不是母语或有学习缺陷就遭到拒绝，还有伴随改革出现的各种暴力等。所有这些都是超级富豪和赌场资本主义的企业权力掮客推动的改革的后果。特许学校已经成为新的抛弃性政治精心打扮的象征，把干净整洁、身着统一校服的学童当作秩序和中产阶级价值观的象征。事实上，支持特许学校的反公共改革者对数百万学童并不愿意说什么或做什么，因为他们被视为可抛弃的

19 垃圾，是拥有各种身体或学习障碍的孩子，是贫穷白人、黑人、棕色人种的孩子。他们从来没有被纳入以一致性和考试成绩作为成功入场券的体系中来考虑。私人掠夺者群体回避这些孩子，将其推给采用根源于监狱文化的管理方法实现收留和惩罚的学校。与此同时，这些改革者妖魔化公立学校和公立学校的教师，却对最广泛的特许学校研究已经发现的事实避而不谈。这些研究显示，只有不足 17% 的特许学校的学生成绩超过传统公立学校。[15]

超级财富和权力不仅仅指导美国高层的教育政策——虽然其在此领域的影响力不应该被低估。[16]他们还传播和推广其意识形态和市场驱动的价值观，这些几乎完全摆脱了美国主流文化和媒体的持久批判。更广泛文化的教育力量现在已经成为精心挑选的武器，用以推广市场化教育改革并贬低美国公立教育和支撑危局辛苦工作的教师们。这种市场营销机器解释了针对《等待超人》的精心策划和宣传热潮，这是不提供任何批评只用来买卖的商品，大部分评论都来自右翼评论家和风险基金支持者。

比如，数不清的报纸社论、电视系列片、媒体广告、YouTube 视频和其他任何可以想象的新老媒体都在推销《等待超人》，而且美国国家广播公司（NBC）也强调它是营利性凤凰城大学等资助的"教育国家"系列节目的组成部分。该学校被单独指出是因为它给贫穷学生强加上沉重的债务，同时创下了美国最高辍学率的记录。这个系列节目中最令人难以置信的部分是，它宣称对教育现状作出了平衡的评论，但实际上不过是对种种企业版教育改革的赤裸裸的广告宣传而已。节目攻击的敌人是制度、教师工会、终身教授岗位制和在重大评估考试中成绩不佳的学生的老师。电影的虚假陈述不仅产生了不知情的公民，而且与主流媒体沆瀣一气推动了一种公众教学法，其中反公立学校鼓吹者的学校改革政策成了唯一的主宰。

《等待超人》只是众多企业支持的教学法的一个例子而已，这样的例子几乎无处不在，就像接力一样从企业文化机构中跑出来。它们用贬低公 *20* 立教育和福利国家的其他机构的手段推动一种反公共教学法，就好像那是根本不值得争论、批判性探讨或进行反证的常识问题。否则，我们该如何解释这个带有深厚偏见和保守思想的电影竟然获得主流自由派和企业媒体一边倒的积极评价呢？在该案例中，幻灭的文化为反动政治观点提供稳定的食粮，当然，电影的企业支持者策划的宣传闪电战也是其取得成功的因素。我们从达娜·戈德斯坦（Dana Goldstein）推销该部电影的媒体目录中初步了解到其公共关系宣传活动的紧密性和周全性。她写道：

> 《纽约》杂志封面问道："一部小电影能够拯救美国学校吗？"9月20日，《奥普拉脱口秀》为电影导演戴维斯·古根海姆（Davis Guggenheim）作了一期专题，题目是"不方便的真相"。《纽约时报》的汤姆·弗里德曼（Tom Friedman）用一个专栏称赞这部电影。《时代周刊》在文献纪录片播映的同时发表了一期教育特刊，并计划围绕电影支持的学校教育战略召开一次研讨会。美国国家广播公司也将在 9 月晚些时候主办教育改革会议，会上将播放和讨论《等待超人》，参与电影制作的许多改革者将亲临现场祝贺。哥伦比亚广播公司《晚间新闻》的凯提·科里克（Katie Couric）承诺要播放根据电影制作的系列片段。[17]

显然，主流媒体已经提供了更广泛的文化图景和机制，由此，这部电影得到无休止的吹捧，被誉为多年来有关教育改革的最重要成果之一。但是，该电影不过是对特许学校、企业价值观、市场化改革、赞美严厉又不乏慈爱的原始管理模式的广告而已。这种领导类似于军队实行的新兵训练营管理模式，极端化的宣传模式旨在破坏公立教育，同时妖魔化和羞辱教师。该电影表现出对市场价值观和特许学校不容置疑的信任，不仅否认运转良好的公立学校而且否认改善公立学校的必要性，转而直接鼓吹自由市场极端主义和臭名昭著的赌场资本主义。总之，这部电影的成功不能说明其论证多么具有说服力，而只能说是风险基金投资者强力推动和资金支持方式的胜利，它们都渴望即刻发大财。狄安·拉维奇（Diane Ravitch）敏锐地称该群体是"亿万富翁俱乐部"，主要由盖茨、布罗德基金会、沃尔顿家族基金会和其他支持特许学校并用考试成绩评价教师水平的机构组成。[18]

在这种教学法机构和市场营销情境中，针对所有学生的高质量教学现21 在已经被一本正经的语言和"个人选择"神秘光环包装起来的封闭的、失去意义的彩票逻辑所取代。在选择被视为万能药的情况下，生活以及包括学习在内的各个方面变成了持续寻找廉价消费品的过程，而不是寻求真理、知识、想象力和正义的过程。随着道德变成了无痛苦、无任何社会责任的东西，在探讨促成学校失败的重要因素时，新的反公共改革者对贫困和不平等视而不见。与此同时，他们认为缺乏选择是教育失败的最深刻原因，显然没有任何反讽的意味。在此情况下，平等与卓越分离，因为公共利益被个人选择和个人利益所取代。

但是这种版本的学校改革所隐含的意思可能产生直接的后果。这部电影或者所谓的亿万富翁教育改革者根本没有谈及民主与教育的关系，没有谈及教师的尊严、学生对公民责任的学习或当我们仅能通过产业的隐喻谈论教育时教育所遭受的暴力。对教育是在制造产品的反复强调——就好像它被设计为只是为了生产耐用商品——这恰恰论证了把学校看作一个需要修理的机器的做法的合理性，而不是把学校看作由活生生的、会呼吸的人组成的复杂社会机构。在此被剥光的话语中，学校的存在完全与邪恶的资助制度、阶级和种族歧视、贫困、大量失业、过分拥挤的教室、破烂不堪的教学大楼、缺乏教学资源、缺乏基本的学生应急服务等无关。但是，意识不到这些绝非小事，因为如果没有对在不同背景下困扰学校的政治、经济和社会力量的更好理解，根本就无法弄清楚为什么有些学校失败或如何失败，为什么有些学生仍然得不到周到的服务。学校的成功不可能在没有公共服务的情况下实现，因为经济条件差的学生离不开这些服务的帮助。同样，如果社会拒绝为教师支付体面的工资，为他们提供高质量的师范教育，给予金融支持和意识形态投资以便证实教书是国家最有尊严和最受公民敬重的职业之一，即使好学校也不能充分发挥作用。

而且，有钱阶级的错误教育情报提供者也很少或者根本没有试图把学校作为学生学习权力运作方式的场所来分析，以及冒险，参与批判性对话，分担责任和吸取重大教训，学习成为充满想象力和具有评判精神的负责任公民所需要的知识、技能和价值观意味着什么。相反，风险投资改革者和亿万富翁领袖一再告诉我们，学校教育是培养训练有素的工人，记忆 *22*力比批判性思考更重要，标准化考试比教导学生学会自我反思更重要，学习如何批判性地阅读课本还不如牢记一些不相关的知识。这些也许并不令人吃惊。在师生的欲望和技能被这样塑造之后，他们注定成为永远的下层阶级，永远丧失挑战富豪精英权力和权威的动机和潜力。这种新自由主义框架下的教学法实践被清除了解放的任何可能性，被完全剥夺了教育学生如何参与思想深刻的对话，以及使用想象力来理解不同于自己的个体和群体的生活和经验的能力。此外，所有这些教育胡话还被即便不具破坏性但绝对愚蠢的观念日复一日地强化，这种观念认为财富能保证智慧，富有的风险投资经理和私有化金融文化能够为如何组织学校提供伦理行为和无懈可击的洞察力的优秀典范。在此情况下，由企业控制的媒体盲从地重复和认同富豪和名人说出的几乎每一句话，暗示他们说的话不仅有道理而且是指导政策，尤其是教育政策的宝贵资源。笔者想起最近发生的事，比尔·盖茨在哥伦比亚广播公司《晚间新闻》中宣称，任何形式的教学和知识如果无法衡量就是没有用途的。电视主持人布瑞安·威廉斯（Brian Williams）对这种反动论调竟然没有一丝一毫的批评。

在这种反公共教育话语中出现了一种参与模式和代表政治。他们不仅模仿以企业为基础的傲慢世界观，而且越来越多地采用一种羞辱战略，向任何推广公共价值和公共利益的主张发起攻击。这些人口口声声宣称其政治上的无辜，大肆称赞个人选择和激烈竞争，鼓吹企业价值观、超然的确定性和强悍的西部风格管理方式。哥伦比亚广播公司的新闻节目播放视频却不添加任何自己的评论，这意味着什么呢？共和党州长克里斯·克里斯蒂侮辱新泽西州教师工会的成员时，媒体不置一词是何道理？在此案例中，对于他谈及剥夺教师终身岗位并使之贬低为无工作安全感和工作条件极差的打工仔的计划，有什么评论吗？克里斯蒂在解释之后还说出如下的侮辱性言论："你的表现很糟糕，你没有尽到职责，没有生产出我们希望你生产的产品，但我们不看这些，我们只看见你仍然活着。"[19] 且不说教育的目的是培养类似工业产品的愚蠢观点的隐含意义，克里斯蒂的评论已经不仅仅是有辱人格和愚昧无知了，这是公然欺负人的表现，已经成为美国社会的突出特征。我们还可以从更大的文化转变过程中看到其蛛丝马迹。原来的话语是社会投入和相互关爱，如今是侮辱，蔑视，猖獗的个人主义，不受约束的竞争，对公共价值观、公共机构和官员的冷嘲热讽。保守派政客、企业政策制定者、茶叶党意识形态理论家现在主张，公共部门工作人员的工资、福利和养老金等与在私有领域工作的类似职位者完全不平衡，但这个说法明显不实。罗伯特·波林（Robert Pollin）和杰弗里·汤普森（Jeffrey Thompson）在《国家》中指出，呼吁平衡预算已经变成一种毫不掩饰的伎俩，即单独挑出公共部门的工作人员说事，"包括学校教师、医疗工作者、警察、消防员的公共部门职员及其工会甚至他们的退休金都成了吞噬经济活力的沉重负担……但是，我们不要忘记经济衰退是华尔街超级投机分子而非小学教师或公立医院护士的薪酬标准造成的"[20]。克里斯蒂和威斯康星州州长司各特·沃克是大肆攻击公共部门工作人员的代表性人物。

　　并不令人吃惊的是，克里斯蒂州长不仅想依靠牺牲教师的利益来平衡新泽西州的预算，莱斯·列奥普尔德（Les Leopold）报道，他还"坚决反对重新实施'亿万富翁税'——虽然该州的金融危机是百万富翁和亿万富翁在华尔街的行为造成的直接后果"[21]。经济达尔文主义及其适者生存、优胜劣汰的残酷伦理学通过被用来公然打击教师、公务员和工会，以及使用羞辱手段攻击对手以防止任何创造善于思考的对话、交流和辩论条件的尝试的公共教学法模式，而获得了越来越大的合理性。在当今蔑视理性与自由之间关系的社会中，最受推崇的特征是愤怒而非理解和深刻反思。如今占主导地位的是不经过交流的、缺乏证据支持的情绪宣泄。而且，言论越是愚蠢和放肆，就越能引起关注，因为它能在热衷于耸人听闻的屏幕文化中得到广泛和迅速的传播，任性的咆哮能大幅提高节目收视率。

残酷无情和公然羞辱已经成为当今精英和企业大佬在攻击社会福利、关键的公共机构和公共服务时所使用的精心挑选的武器。[22]就形形色色的反公立教育改革者群体越来越多地攻击公立教育而言，这种说法尤其成立。这些人往往得到风险投资基金和无限信托基金的支持。这些企业权力掮客常常使用一种话语，虽然不像右翼政客和夸张低俗的电台节目主持人那样毫不客气地羞辱他人或宣扬仇恨言论、故作惊人之语，但他们的反公共话语、两极化的敌友区分，以及妖魔化教师和教师工会的行径还是在公众中重新制造了沉默和共谋的文化。在此情况下，基本不存在辩论、对话和有思想深度的交流，媒体场景取代了真正的公共空间，理性辩论已成明日黄花。教育改革者宣称坚持重要的教育原则，但在特权、财富和权力的硬壳背后，隐藏着的是教学法机器和文化机构，正是它们关闭了能让这些原则运行起来的公共空间。

现在越来越清楚的是，教师成为吮吸美国民主之血的市场巨无霸的新替罪羊。事实上，呼吁特许学校和食品券并吁求个人选择不过是在模仿银行家的话语而已，正是这些家伙应该为 2008 年经济危机和随之而来的痛苦和破坏负责。这种缺乏伦理道德的话语的明显的意识形态效应现在已经变得更加咄咄逼人，羞辱政治在媒体和其他商业空间内被大量倾销，若使用米歇尔·福柯（Michel Foucault）的话，就是模拟战争、彻底毁灭、无条件投降、全面战争。公立学校和教师现在成为持久遭受批判和攻击的对象，袭击者反对一切公共事物，教师被看作同样遭到毁谤的健康保险改革支持者的盟友。应该明确指出的是，他们如今处于如此尴尬的位置并非因为工作没有做好，而是因为在公共部门工作。公立学校、教师和工会成为惩罚性政策的嘲弄对象和攻击目标。所谓的改革家如米歇尔·李（Michelle Rhee）其实不过是被雇来为超级富豪服务的公共关系专家。她在三年前接管哥伦比亚区公立学校，成为推行教育政策的标志性象征人物。这些都是建立在市场刺激基础上的政策，如学生成绩好可以获得现金奖励，教师因成绩而得到奖励和惩罚。如果教师达不到既无公信力又缺乏实证支持的狭隘的考核标准就会被解聘。[23] 米歇尔·李最终被迫辞职，但她的影响和权力现在得到富豪捐款者的支持，被他们树立为保守派教育改革的偶像。这种改革体系是严酷无情的管理体制推动的，更多依靠惩罚性策略而不是批判性分析、师生支持和社会发展。支持这种政策的风险投资经理、亿万富翁企业家、掠夺成性的企业大亨似乎把教师、工会和公立学校当作已经过去的时代和社会福利国家的不成功的——即使不是有危险的——

25 残余。在当时，社会对公共利益和年轻人的投资很重要，公共价值观是当时教育体制的决定性特征，不论它曾存在什么样的缺陷。对公共价值观、公共服务和公立学校及教师的这种仇恨因为美国社会盛行的更广泛的残酷文化而得到进一步强化。

美国的羞辱和残忍文化越来越强大说明，只要不相信追求自我的物质利益、自由竞争和市场价值观，谁都可能成为遭受羞辱的对象。如果有人做出即使最微小的抗议的姿态，反对割裂经济学与伦理学的关系，反对剥夺社会关系中的公共价值观残余，反对贬低社会团结的重要性，反对鼓吹将社会责任视为弱点的市场极端主义，那他或她就会成为遭受公然贬损和羞辱的对象，或至少被视为不负责任者而遭抛弃。现在的社会心态受战争隐喻和适者生存法则的支配，除此之外，任何个人或群体只要批判性地提及影响美国社会的社会问题，或表达担忧并呼吁重新鼓起公民勇气去捍卫那些巩固民主公共生活的机构，就会招致令人感到尴尬和羞辱的尖刻评论。当弱势群体提及自身的困境时，往往被视为缺乏尊严之人，被贴上标签，很容易遭到别人侮辱性的评论。旨在减轻痛苦的社会福利项目似乎变成了一种羞辱和惩罚话语攻击的对象。曾经有望成为总统候选人的迈克·哈克比（Mike Huckabee）在谈及身体不再健康的人时说他们是"已经被烧毁的房子"，这是把自己放在健康保险行业利益一边的残酷和粗暴的尝试。还有一个再常见不过的例子——美国参议院共和党前候选人沙龙·安格尔（Sharron Angle）宣称，保险公司应该废除为孤独症患者提供医疗保险的条款，他嘲笑这个条款的口吻就好像它是在喜剧中心说的玩笑一样。

情况变得越来越糟糕。当纽约州州长、共和党前候选人卡尔・帕拉迪诺（Carl Paladino）无耻地宣称"监狱空间应该被改为穷人劳改营，他们应该在那里学习个人卫生课程"时，主流媒体对这种言论表现出来的对穷人的仇恨视而不见。[24]当媒体披露帕拉迪诺通过电子邮件向朋友们发送"一群黑人男性在看到飞机越过田野后赶紧跑开"的图像和照片，上面还配有图片文字"黑鬼，跑啊！赶紧跑"时，美国公众的眼皮连眨一下也没有。事实上，帕拉迪诺的民意调查数据不降反升，进一步强化了他竞选纽约州州长的意愿。[25]当拉什・林堡（Rush Limbaugh）对数百万人说出包含种族主义色彩的粗野下流言论时，媒体仅仅将其视为一家之言而作出 *26* 抱怨。作为一种话语和公共干预的羞辱——侮辱他人却不道歉——在美国文化和政治中已经司空见惯。我们唯一注意到它是在侮辱直接导致年轻人自杀时，如最近赛思・沃尔什（Seth Walsh）和泰勒・克莱门提（Tyler Clementi）的悲惨死亡。[26]

羞辱政治及其背后的权力关系范围极广，而且处于不断流动和变化中。它得到越来越广泛的传播，影响到观念生产和传播的几乎所有公共领域和商业领域。作为一种意识形态，它是政治上反动且道德上卑劣的。作为一种战略，它诋毁他人，要求他人闭嘴，常常把本来就处于弱势的群体当作攻击对象，同时在牺牲批判性思考、对话和交流的情况下宣扬盲目的自私、傲慢和必然性。不幸的是，美国现在就被一种反教育改革运动所控制，该运动使用羞辱政治来创造一系列有关公立学校、教师和被边缘化的青年的刻板印象。与此同时，该运动由于称赞市场价值观而赢得了主流媒体和企业精英的支持，虽然正是这种价值观令美国陷入金融灾难。情况已经十分严峻，但我们似乎仍然缺乏批判性语言、公民勇气、公共价值观，根本没有认识到当国家将攻击目标瞄准公立学校及其辛苦工作的教师并将这种残忍文化制度化时，事实上就是在开始一场自我毁灭和集体自杀的运动，这场运动的受害者不仅包括教育而且还有民主本身。

注释

[1] James Baldwin, "A Talk to Teachers," *Saturday Review* (December 21, 1963), http://richgibson.com/talktoteachers.htm.

[2] Loic Wacquant, "Symbolic Power in the Rule of the 'State Nobility,'" in *Pierre Bourdieu and Democratic Politics*, ed. Loic Wacquant, (London: Polity, 2005), p. 134.

[3] See Henry A. Giroux, "Schools and the Pedagoy of Punishment," *Truthout.org* (October 20, 2009), http://www.truth-out.org/102200910. See also Henry A. Giroux, *Youth in a Suspect Society: Democracy or Disposability?* (New York: Palgrave, 2010), and Christopher Robbins, *Expelling Hope* (New York: SUNY Press, 2009).

[4] Editorial, "The New Debtors' Prisons," *The New York Times* (April 5, 2009), p. A24.

[5] Konrad Yakabuski, "Republican Plan to Fix U.S. Budget Mess Could Prove Costly for GOP," *The Globe and Mail* (April 6, 2011), http://m.theglobeandmail.com/news/world/konrad-yakabuski/republicn-plan-to-fix-us-budget-mess-could-prove-costly-for-gop/article1972526/? service=mobile.

[6] Joseph E. Stiglitz, "Of the 1%, for the 1%," *Vanity Fair* (May 2011), http://www.vanityfair.com/society/features/2011/05/top-one-percent-201105.

[7] Zygmunt Bauman, *The Art of Life* (London: Polity Press, 2008), pp. 89-90.

[8] John Fund, "Getting Schooled in Aspen," *The Wall Street Journal* (July 13, 2010), http://online.wsj.com/article/SB10001424052748704288204575363100367240836.html.

[9] Amy Goodman, "Leading Education Scholar Diane Ravitch: No Child Left Behind Has Left U.S. Schools with Legacy of 'Institutionalized Fraud,'" *Democracy Now!* (March 5, 2010), http://www.democracynow.org/2010/3/5/protests.

[10] 有关既无头脑又无耻的庆祝亿万富翁俱乐部的信息，参见 Diane Francis, "Waiting for Superman and Justice," *Financial Post* (September 26, 2010), http://opinion.financialpost.com/2010/09/26/waiting-for-superman-and-justice/。对这种废话的反驳，参见 Editors, "The Real Facts about Waiting for Superman," *FairTest.org* (September 30, 2010), http//www.fairtest.org/real-facts-about-waiting-superman。See also Rich Ayers, "Waiting for Superman: A Missed Opportunity for Education—What 'Superman' Got Wrong, Point by Point," *CommonDreams.org* (September 27, 2010), http://www.commondreams.org/view/2010/09/27-10. 有关慈善对教育的影响的精彩分

析，参见 Kenneth Saltman，*The Gift of Education：Public Education and Venture Philan-thropy*（NewYork：Palgrave Macmillan，2010）。See also Kenneth Saltman，*Capitalizing on Disaster：Taking and Breaking Public Schools*（Boulder，CO：Paradigm，2007）.

［11］推动这场电影的新自由主义和企业意识形态及其教育改革观点的反动本质充分地体现在随其上映而推出的促销书中。See Karl Weber，ed.，*Waiting for "Superman"：How We Can Save America's Failing Public Schools*（Philadelphia：Public Affairs，2010）.

［12］Terry Eagleton，"What Is the Worth of Social Democracy," *Harper's Magazine*（October 2010），p. 80.

［13］这个议题的更详细讨论，参见 Saltman，*The Gift of Education*。

［14］Juan Gozalez，"Albany Charter Cash Cow：Big Banks Making a Bundle on New Construction as Schools Bear the Cost," *New York Daily News*（May 7，2010），http://www. nydailynews. com/ny-local/education/2010/05/07/2010-05-07-abany-charter-cash-cow-big-banks-making-a-bundle-on-new-construction-as-schools. html.

［15］See Trip Gabriel，"Despite Push，Success at Charter Schools is Mixed," *The New York Times*（May 1，2010），p. A1. 也可参见最近斯坦福大学发表的一项研究。

［16］See Henry A. Giroux，"Chartering Disaster：Why Duncan's Corporate-Based Schools Can't Deliver an Education that Matters," *Truthout. org*（June 21，2010），http://www. truth-out. org/chartering-disaster-why-duncans-corporate-based-schools-cant-deliver-education-that-matters60553.

［17］Dana Goldstein，" 'Waiting for Superman' Film Champions Charter Schools，but Hides that 80% of Them Are Not Better than Public Education," *AlterNet*（September 30，2010），http://www. alternet. org/story/148353. 具有讽刺意味的是，该评论几乎没有提到关于新自由主义及其对公立学校和反公立教育运动的影响的任何东西。

［18］Ravitch，cited in Amy Goodman，"Leading Education Scholar Diane Ravitch：No Child Left Behind Has Left U. S. Schools with Legacy of 'Institutionalized Fraud,'" *Democracy Now*！（March 5，2010），http://www. democracynow. org/2010/305/protests. 古德曼（Goodman）和其他自由派在大肆称赞拉维奇的新自由主义观点时似乎忽略的是，为什么他们和她都没有注意到左派批评家多年来对教育的看法。该立场也非常明显地体现在《国家》等自由派刊物上（2010 年 6 月 24 日最近一期有关教育改革的内容没有包括一个著名左派教育批评家）。拉维奇新创立的自由主义在她的书中有详细的阐述，参见 *The Death and Life of the Great American School System：*

How Testing and Choice Are Undermining Education（New York：Basic Books，2010）。虽然拉维奇批评企业界慈善家如盖茨、布罗德、沃尔顿等推动新自由主义教育政策，但她这样做是在为恢复以西方为基础的课程的更大的保守派企图辩护，这种课程的标志是固定的学科和传统的核心知识。在这种立场中，很少有内容承认年轻人日常生活中感受的知识或影响生活的更广泛文化和读书方式的重要性。正如斯坦利·阿罗诺维茨（Stanley Aronowitz）提醒我们的那样，教师的权威必须通过承认影响孩子生活的历史和大众传统而获得，虽然这不一定意味着将这种经验浪漫化或不讲授伟大著作经典。See Stanley Aronowitz，*Against Schooling：For an Education that Matters*（Boulder，CO：Paradigm Publishers，2008）。反对赌场资本主义慈善家的另一个深刻的批判性意见可以在肯尼斯·萨尔曼（Kenneth Saltman）的著作中找到。与拉维奇不同，萨尔曼没有把当今体制存在的问题归咎于进步主义教育，他认为"亿万富翁俱乐部"支持的现有改革运动是新自由主义攻击学校和民主本身的大工程的一部分。See Kenneth Saltman，*The Gift of Education：Public Education and Venture Philanthropy*（New York：Palgrave Macmillan，2010）.

［19］Cited in Mike Spina，"Teachers Under Attack"（Bloominton，Indiana：Xlibris Corporation，2011），p. 38.

［20］Robert Pollin and Jeffrey Thompson，"The Betrayal of Public Workers，"*The Nation*（February 16，2011），http://www. thenation. com/article/158647/betrayal-public-workers.

［21］Les Leopold，"Hey Dad，Why Does This Country Protect Billionaires，and Not Teachers？"*AlterNet*（May 5，2010），http://www. alternet. org/module/printversion/146738.

［22］这个议题在下面两本拙著中有更详细的阐述，参见 *Against the Terror of Neoliberalism*（Boulder，CO：Paradigm，2008）and *Youth in a Suspect Society：Democracy or Disposability?*（New York：Palgrave，2010）。也可参见 Anthony DiMaggio，"Gutting Public Education：Neoliberalism and the Politics of Opportunity，"*Truthout. org*（June 25，2010），http://www. truth-out. org/gutting-public-education-neoliberalism-and-politics-opportunitism60754。

［23］Tamar Lewin，"School Chief Dismisses 241 Teachers in Washington，"*The New York Times*（July 23，2010），p. A1.

［24］［25］Rob Herbert，"What Is Paladino About？"*The New York Times*（September 27，2010），p. A29.

[26] See Lisa W. Foderaro, "Private Moment Made Public, and a Fatal Jump," *The New York Times* (September 29, 2010), p. A1. See also Stacy Teicher Khadaroo, "Death of California Youth Puts Focus on Rise in Antigay Bullying," *Truthout. org* (September 29, 2010), http://www. truth-out. org/death-california-youth-puts-focus-rise-anti-gay-bullying63697? print.

第三章　没有工作的教师和没有希望的教育：超越救助和测量崇拜陷阱

在想象力与道德意识交汇之处就能产生希望。

——齐格蒙特·鲍曼（Zygmunt Bauman）

高涨的反对赌场资本主义的全球抗议浪潮

在美国和欧洲，数以千计的示威者已经组织起来抗议政府实施的削减开支和财政紧缩政策，这些措施针对的恰恰是最脆弱的社会成员。在美国，全国各地的学生已经涌上城市街头。在加利福尼亚州伯克利、北卡罗来纳州罗利、威斯康星州麦迪逊、新泽西州蒙特克莱尔，他们抗议公立教育和大学教育的教育资金大幅度削减和数以千计的教师下岗。这些削减非常严重，据全国教育协会的统计，"面临下岗威胁的教师，加利福尼亚州高达 26 000 名，伊利诺伊州 20 000 名，纽约州 13 000 名，密歇根州 8 000 名，新泽西州 6 000 名"[1]。在希腊、英国、法国，也有人已经呼吁采取类似的严厉措施，但雅典、伦敦、巴黎和其他城市出现的抗议浪潮的政治素养水平根源则要复杂得多。

　　总的来说，美国主流媒体对美国学校可能丧失的就业岗位的报道，甚至许多对这些裁员的批判性分析都把公立学校教师激增的失业问题归结为经济速度减缓的不幸后果。这种假设背后的逻辑不是没有任何道理，但这个问题往往以简单和直接的形式呈现出来。税收减少的州政府被迫削减基本的公共服务，学校预算自然成为削减的主要受害者。符合这种简单化的辩护的是把反对削减开支和裁减岗位的教师和教师工会看作根本无视学生需要的自私鬼。这种拥有不可告人的动机的攻击已经使全国各地的教师、工会、职员、学生要求州政府和联邦政府马上提供紧急基金以防止数十万教职工岗位的消失。但是反对资金削减的声音不仅来自直接投资学校的各方，也是教育部长阿恩·邓肯（Arne Duncan）提出的主张，他希望通过让国会拨款230亿美元紧急救助金挽救30多万个教师工作岗位。虽然恢复资金的呼吁只是解决教师下岗问题的临时性措施——如果不是学校改革本身——但其重要性不容低估。即便是暂时的救助措施，对许多即将下岗加入失业大军的教师来说也非常重要。不过，这种分析显然缺乏对两者间深层关系的了解，即大规模裁减教师与新自由主义、赌场资本主义及其持续攻击公共利益、社会契约和福利国家提供的任何社会保障而造成的更大危机之间的关系。

虽然希腊、英国、法国的情况与美国不太一样，而且比美国严重得多，但是所有这些国家的经济衰退背后都有类似的市场力量。幸运的是，当前希腊和其他西欧国家的金融危机和民众对危机的广泛回应为我们提供了不同的且更深刻的洞见，让我们知道如何应对弗兰克·瑞克（Frank Rich）正确指出的由"金融领域脱缰的赌场文化"引所发的"国际经济危机"[2]。这些国家的抗议者认为，教育和公共服务领域的资金削减，连同取消福利国家措施等都是一系列严厉的训诫政策的主要组成部分，它们已经越来越多地成为国际货币基金组织和世界银行等新自由主义机构支配下的国际和社会秩序的特征。正是这些政策鼓吹取消市场管制、私有化、摧毁福利国家（social state）的核心内容，以及一个基本上为资本积累而组织起来并为富裕有权的精英群体的利益服务的社会。尤其是在希腊，反对国际货币基金组织、欧盟的新自由主义政策的浪潮越来越大，企*31*业式国家拒绝了金融机构的权力和市场价值观——把公司的需要置于凌驾于人权之上的特权地位，同时取消了福利国家的各种福利保障和环境保护的责任。希腊抗议者与英国和法国抗议者基本上拒绝了给人带来安慰的幻觉，即新自由主义对福利国家的攻击是因为经济衰退而开始的，也会随着它的终结而终结，可以靠削减社会保障而得以纠正，即克罗尼斯·波利克朗涅（Chronis Polychroniou）所说的"实施严厉紧缩措施的结构调整项目，会伤害工人、老人、穷人的利益，并彻底摧毁本来就千疮百孔的福利体系"[3]。这些抗议者也没有接受这样一种关于受害者的论证方式，即承受痛苦者——如失业者或养老金被取消者——的观点和行动只能被置于病态的和私有化的审视框架内，也就是说把抗争归结为个人的不负责任、懒惰或其他性格缺陷。难怪希腊示威者已经喊出了这样的口号："小偷、盗窃犯"和"烧毁连妓院都不如的国会"[4]。

在我看来，若将美国抗议者的反应与希腊的抵抗运动比较，将显示出两种文化的不同。这种差异不仅是偶然性的，而且表达了将两个社会区分开来的政治文化和识字能力越来越大的鸿沟。希腊反映了一种充满活力的政治文化和尊重批判性教育的社会秩序，这使其公民能够认真思考和反省危机的历史以及造成危机的社会政治力量。这些抗议不仅指向严厉的紧缩措施，而且指向"统治制度本身，因为经济危机和金融危机最终暴露了靠转嫁风险和腐败繁荣起来的政治文化的所有变态和畸形，也暴露出国内经济精英对公共财富的掠夺"[5]。相反，在美国，大部分主流媒体和反公共知识分子依靠非常有局限性的分析模式考察经济危机，显示出政治远见和批判性理解能力的退化。更加令人担忧的是，他们还拒绝承认几十年来这种退化对市场文化机构产生的窒息性影响。这种拒绝是广泛传播的大众不安和隐忧的源头和症状，因为它纵容新自由主义继续不受限制地寻求公民的去政治化，剥夺个人批判性思考的机会与根据自身潜力参与思想辩论和集体行动的机会。这里必须强调的是，没有知情的公民就不可能有民主的运行。市场政治隐藏秩序的背后必然是一种剔除社会和经济议题的去政治化模式：这些议题出现的历史背景、产生问题的权力话语和语域最终统统被简化为完全私密的表达个人情感的词汇。[6]

在美国，主流媒体基本上被少数大公司所控制，缺乏人们在欧洲或世界其他地方看到的媒体对真理的尊重和媒体的政治深度。美国政治靠娱乐文化滋养，这种文化将新闻琐碎化，更看重表象而不是内容。[7]就福克斯新闻而言，某些形式的政治无知实际上促成了所谓的社会评论和客观报道。在主流媒体和右翼媒体宣传的中立性隐蔽措辞背后，是保守派的宣传攻势和企业性词汇、价值观和理念，这些破坏了将知识与培养欣欣向荣的民主的目标结合起来的纽带。在美国，能够出现批判性分析和话语的公共空间仅仅存在于从博客到各种在线新闻杂志的另类媒体上。

显然，咄咄逼人的市场极端主义对权力和财富的大规模劫持说明它不仅仅是经济或政治问题：它预示着教育危机，这是更大的民主危机的一部分。因此，当美国选择更进一步地削弱公立教育和大学教育来对付金融危机时，其破坏性就更加巨大。教育是硕果仅存的用以创造具有批判和参与能力的公民的最重要领域之一，这些公民能够挑战实际的和象征性的秩序，这种秩序盲目地为腐败、贪婪和不平等的文化辩护。在赌场资本主义下，我们不仅看到贫富差距越来越大，富人垄断了所有政治、经济和社会机会，我们还看到作为持续商业化教育模式的文化机构空前强大的威力，它用破坏民主价值、共同责任观念和对公共利益的尊重的市场价值观对无论青年人还是老年人进行没完没了的地毯式轰炸。[8]

这种影响力强大的企业教学法模式及其抹掉历史、伦理学和社会学价值的做法使更广泛的民众难以认识到美国公立学校教师当前面临的危机是众多相互联系的社会经济和政治力量共同作用的结果。如笔者在本书中反复申的，这些力量的影响可以从下面这些事实中看出：福利国家遭受的全面攻击、新自由主义者对削减公立教育投资的坚决、批判性教学法被无情的工具性职业培训所替代、持续不断的摧毁教师工会的企图等等。这些影响还包括企业支持的游说集团、政客和保守派试图削弱任何现有的和可能的教师权力的意识形态和政治性的共同努力。他们担心这些教师可能挑战那些打着教育改革的幌子却旨在清除批判教育学任何残余的经济达尔文主义和右翼保守主义。[9]财政赤字不是学校管理不善造成的，而是减免富人和企业税赋以及为持续战争国家输血的失控军事开支造成的。军事化市场极端主义的典型例子是亚利桑那州、佛罗里达州和其他州通过了大量法律，旨在破坏批判性教育学的任何残余，同时减少对教育者本身的保护和福利。在佛罗里达州，前州长杰布·布什（Jeb Bush）签署法案认定"美国历史应该被视为事实而不是构建起来的"。据此法律，事实历史应该被视为"可认识、可讲授和可测试的"[10]，这意味着在为学生讲授如何确定、理解和批判性地参与"事实"时，解释成为一种负担。佛罗里达的愚蠢法律还有另外一个不仅愚蠢而且更加无情的伙伴，即亚利桑那州禁止在该州南部的图森市公立学校讲授民族学的法律。[11]这些对教学课程的攻击碰巧与对教师的攻击同时出现。在纽约，布隆伯格（Bloomberg）市长宣布，未来两年他将冻结公立学校教师的薪水。[12]通过惩罚教育者来挽救有钱人的动议已不再是一闪而过的想法。在此，遭到攻击的不仅是教师和学生，教育机构和批判性教育模式也遭到了损害，而它们本来可能为象征性或实质性的对短视的、种族主义政策的抗拒提供基础，如对最近禁止在亚利桑那州公立学校讲授民族学的政策的抗拒。当前对公立学校和教师的攻击是在促成一种危险的文化，一种在政治上愚昧的和去政治化的文化。在进一步分析这种攻击之前，笔者想首先回顾一下希腊发生的抗议活动。如前文所述，希腊反对有害的赌场资本主义的新自由主义政策的抗议之所以重要，是因为它提供了对政治和促成这种政治形成的构成性文化的不同的理论认识。它提供了说明批判性教育学和读写能力等工具如何被用来对付教育和福利国家所遭受的攻击的例子。这种讨论对美国发生的反教师下岗抗议活动具有指导意义。

希腊反对赌场资本主义及其新自由主义政治的抗议活动

34　　　作为对全球金融衰退和债务危机的回应，希腊数以千计的人走上街头抗议欧盟和国际货币基金组织为了执行 1 400 亿美元救助一揽子计划而要求希腊政府推行的紧缩措施。其实，这个危机就是由一系列庞大而腐败的银行和金融机构组织的"新自由主义疯狂"造成的（杰拉尔德·杜梅尼尔［Gérard Dumenil］语）。[13]希腊政府没有惩罚作为军事化新自由主义先锋的执政政客或企业精英，也没有改革那些应该为金融危机和庞大的债务危机承担责任的机构，却支持用市场解决办法来对付市场产生的问题。政府政策将造成普通希腊公民的痛苦，其中很多人像许多美国人一样本来就已经失掉了家园、储蓄、工作和其他社会保障。进一步受到市场的惩罚性机制的影响，希腊人被要求承受公共领域开支的进一步削减，这意味着工资、养老金和其他关键的社会保障的减少。按照国际货币基金组织和欧盟的苛刻解决条件和条款，经济达尔文主义的新自由主义模式以这样的方式发挥其权威——因为少数企业、金融和政治精英的不良行为而对整个社会实施集体惩罚。但是，这里揭露的不仅仅是新自由主义的根本性道德缺乏，还有罗克·华康德（Loic Wacquant）所说的"旨在从上而下重新塑造市场、国家和公民素质等核心内容的国际工程"[14]。

　　科斯塔·杜兹纳（Costas Douzinas）指出，该工程的核心是企图发起"对欧洲福利国家的最后攻击，与主张私有化、取消管制，以及将资本和权力从公共领域转向私有领域的新自由主义意识形态相吻合"[15]。从某个角度看，我们看到，当今的改革要求"将严重削弱公共领域，破坏国民健康服务，将剩余的公共事业私有化，并把工资削减延伸到私有领域，破坏好不容易赢得的就业权利。公共辩论、议会投票或全民公决等都没有授权对后独裁社会契约的这种整体性摧毁"[16]。一个在美国看来会令人感到吃惊和愤慨的要求是，国际货币基金组织试图推动希腊政府削减教育预算，同时加速高等教育的私有化进程。

　　为拒绝放弃养老金、社会保障和福利国家的其他福利，希腊、法国、西班牙、英国和其他西方国家的教师、年轻人、老人、劳工积极分子和众多其他群体奋起反抗，开展群众运动抵抗新自由主义的猖狂进攻。他们都 意识到民众和民主社会所遭受的破坏，因而集体组织起来拒绝接受大银行、超级大公司和其他金融产业推行的针对他们的严厉惩罚性政策。这些机构正是靠"臃肿的金融领域将储蓄从生产性投资转向投机性金融投资，从而导致企业重组合并和接管，以及此后一个又一个风险性极高的资产泡沫运作"而赚取巨额企业利益的。[17]希腊的反抗和世界各地其他城市持续不断的抗议向美国人说明，他们需要重新思考全球新自由主义工程的本质，正是这种工程导致教师下岗与学校资金和其他社会服务资金的大幅度削减。更重要的是，这也说明了美国当今呼吁的教育改革用以定义公立学校危机的一套语言和价值观正是模仿了最初造成金融危机的那种经济和意识形态话语。希腊人拒绝接受反映富人而不是其他所有人的优先选择的宣传，他们也拒绝这个双重性假设，即市场是社会生活的终极评判者，因而不应该为由它造成的生活受损和人类痛苦负责。显然，希腊人的斗争不是改革一种军事化的赌场资本主义，而是确立一种新的政治和经济体制，这种体制支持福利国家，优先考虑普通民众的最基本需要，而不是统治精英和跨国集团的金融需要。

　　接下来，笔者将集中探讨具体问题，即当今美国教师下岗的危机是如何通过虚弱的自由派和新自由主义改革家话语进行分析和处理的，这些话语背后隐藏的秩序如何成了美国公立学校最终失败的根源，标志着教师被贬低为新兴的营利性教育企业的新贱民？经济危机已经造成了一种灾难政治，其中所有公共利益尤其是公立教育如今都待价而沽。自由派和保守派改革者认识到，如果人是金融危机最严重的附属危害，公立学校这样最脆弱和最关键的机构就成了他们可以打着"改革"的幌子竭力渗透的领域。首先，笔者将考察自由派教育话语的局限性，这体现在罗伯特·瑞克（Robert Reich）的著作中，然后再谈谈奥巴马—邓肯的市场改革的缺陷。

救助话语和自由派教育改革的局限

36　　针对最近宣布的预示着大量教师下岗的政策，主流媒体作出了回应，其政治局限性可通过如下两个回应体现出来。第一个回应是克林顿政府时期的劳工部长罗伯特·瑞克提供的温和教育改革途径。[18]第二个也是最严重的回应来自现任教育部长阿恩·邓肯，这个自封的美国学校"投资经理人"已经与一帮富豪企业领袖、反公共知识分子和新自由主义基金会组成一个团队。瑞克的反应说明了对奥巴马政府通过的教育改革的温和自由派的理解，而邓肯的反应则代表了支持把金融界和统治阶级利益作为对后布什时代教育改革挑战的解决的当权者的声音。后者是更具威胁性的改革例子，这不仅因为它是由政府推动的，而且因为它在表面上对自由派原则具有明显的吸引力，但在实际上却与旨在破坏公立学校和未来教师教育的右翼价值观和政策密不可分。无论是瑞克的自由派观点还是邓肯的新自由主义教育立场都浸淫在市场价值观、实践和政策中，它们仍然是市场教育模式和教学法模式的营养源头，也正是这些才应该为最近的金融危机负责。他们似乎都没有意识到这样一个事实：当有些机构正在挑战过去30年来塑造美国社会的市场价值观时，教育似乎是少数仅存的愿意尊重这些价值观的公共领域之一，而且打着"改革"的幌子——这里没有任何讽刺的企图。无论是瑞克的温和途径还是邓肯的强硬途径都缺乏真诚。虽然其中包含某些真实改革的因素，尤其是瑞克的途径，但它们最终破坏了如下观念：公立学校是最重要的民主公共空间；教师是关键的公共资源，应该得到有尊严的对待并拥有一定自主性；学生应该得到这样一种教育，使其成为负责任的、批判地参与政治活动的公民，而不是被当作消费者、低技能工人和犯罪分子。

　　瑞克的论证集中在 2008 年经济衰退引起州政府和地方政府预算赤字进而导致公立学校和教师面临的困难上。他承认让数千名教师下岗的结果之一是从前只有 20 ~ 25 名学生的教室可能很快就被塞进 40 ~ 45 名学生。但要点不仅仅是教室过分拥挤，许多基础教育课程，包括音乐、体育、艺术，甚至像历史这样的传统课程也惨遭削减。他相信，一个能够拿出 7 000 亿美元拯救华尔街银行和投资机构的政府却对拯救学校无能为力，这分明是某个地方出了毛病。他坚持认为，如果美国人认识到年轻人代表了另一种财富——不幸的是这被他称为"人力资本"——美国人将会敦促国会议员"把奖励金融资本转变为奖励人力资本"，这可以通过结合对金融交易征税和免息贷款的方式来实现。[19]不幸的是，瑞克的眼光不够犀利，没有看到公立学校恰恰被置于当今赌场资本主义控制下争夺资源的战争的最关键战场。比如，联邦政府交给陷入崩溃的金融领域的 8 万亿美元不仅是莽撞的富人救助计划或错误配置的优先选择，它同时还代表了军事化新自由主义经济和社会秩序的系统性尝试，要榨干公共领域的金钱，并把它交到大公司手中，交给永远的战争联合体的保险箱。因此，这种对优先选择的分析根本没有提到军事开支优先于教育投资的问题。

　　自 2001 年以来，为伊拉克和阿富汗战争挪用公共资金的数量已使整个战争成本达到 1. 05 万亿美元。[20]美国的军事开支不仅是全球无可匹敌的老大，而且无论是从政治的、伦理的还是经济的视角看，也都是极其厚颜无耻的。从优先选择的角度看，我们可以初步了解到这笔钱被转换成实物的使用情况。一架 B-2 隐形轰炸机的成本是 10 亿美元，这笔钱能够提供 53 504 548 名学生一年的学习费用。[21]虽然这种匪夷所思的国防开支对军事工业联合体来说是好消息，但这种失控的开支榨取了本来应该用在社会保障上的资金，否则教育和其他重要社会服务项目的预算根本就无须削减。[22]这里存在着金融危机的一个元素，它不仅指向新自由主义而且指向新自由主义支持的经济和军事上的优先选择。而这个导致危机的因素在主流媒体上完全没有被摆到桌面上，无论是自由派还是保守派政客对此都避而不谈。自由派猛烈抨击银行救助计划，而对旨在提供公共服务、商品和交通的庞大社会投资需求却悄悄低语。在过去 20 年里，自由派一直迫切地讨好企业利益，他们甚至无法想象一种把重建学校年久失修的基础设施与创造就业机会的项目联系起来的教育改革观念。这种公共工程项目可以促成数以千计的工人就业，作为"投资方向的转变——尤其是转向教育、替代能源和生态恢复"，它们能为教师和其他人提供数以千计的就业岗位并改善数百万人的生活质量。[23]

正如安妮·弗瑞默（Anne Frémaux）指出的那样，瑞克没有清楚说明"市场本身并不构成社会工程，它只是一个场所，在社会存在的整个过程中都持续存在不平等的场所，从本质上看，也是与学校的解放工程格格不入的异化场所"[24]。瑞克这样的自由派批评家漏掉的东西似乎可以在莱斯·列奥普尔德的建议中找到，"或许抗议者应该把目光转向在 2009 年获得 250 亿美元的 25 个顶尖风险投资基金经理"。单单他们的"所得"就能资助 658 000 名刚入职的教师。[25]或者让我们再来关注这样一个事实：阿帕卢萨马对冲基金（Appaloosa）的经理大卫·泰珀（Dawid Tepper）在 2009 年赚了 40 亿美元（不是 400 万美元）。泰珀先生 2009 年的个人收入相当于 62% 的公立教师薪水之和，而这些教师是在为 855 600 名学生上课（平均工资是 57 645 美元）。[26]列奥普尔德进一步指出，大卫·泰珀所在的地方行政首长新泽西州州长克里斯·克里斯蒂更进一步要解散教师工会、开除教师，同时拒绝恢复"百万富翁"税，虽然该州的财政危机是百万富翁和亿万富翁在华尔街胡作非为的直接后果。[27]当然，更重要的一个议题是，为什么超过 60% 的公司在 2009 年不交税，或为什么美国银行或通用电气等超大公司虽然获得巨额利润却不交税。[28]列奥普尔德不仅谴责了政府救助超级银行和金融机构的计划，而且也指出了试图摧毁公立教育的政治和经济力量的系统秩序，即把教育变成另一个为股东带来丰厚利润的企业。在列奥普尔德看来：

> 具有讽刺意味的是，这场资源争夺战的战场竟然是公立教育。公众仍然完全不了解亿万富翁与学校预算削减之间的联系，我们不清楚华尔街亿万富翁做了什么有价值的事而大发横财？我们也许知道"大规模杀伤性武器"，但大规模杀伤性金融武器是什么我们就不得而知了。[29]

公立学校之所以遭受攻击不是因为它们表现不好或效率低下，而是因

为它们的公共性。公立学校的存在一直是令人不安的提醒，这说明仍然存 *39*
在公共领域和一套机构，其目的就是服务于公共利益，并致力于推动民主
目标、价值观和社会关系。公立学校之所以受到攻击还因为它们是所剩无
几的公共领域之一，教育与被称为自由实践的东西联系起来。这种自由实
践严肃看待公民身份概念，温迪·布朗（Wendy Brown）说，它标志着
"对政治感兴趣的、被动员起来的公民群体，他们有某种团体意识，能根
据自己的观念行动，并预期一个能跨越种族、性别和阶级界限的更大的社
会平等的未来"[30]。旨在摧毁公立学校的力量就是出于意识形态动机来摧
毁公共利益的所有残余的，正如在经济上欣喜地发现通过推动教育券、私
有化和特许学校等运动而重新获得巨额利润的可能性那样，所有这些都试
图缓慢而成功地说服公众放弃对公立学校的投资，并使其服务于私人利益
而不是公共利益。

　　对主张取消管制者、企业资本家、掠夺者大军，以及其他相信市场能
提供唯一有意义的人类交流语言的人而言，瑞克没有什么话要说。他和许
多其他自由派都没有足够强调新自由主义意识形态与右翼人士在若干州
攻击公立学校的行为之间的联系。这些州通过立法削减教师岗位和教师年
资，取消教师工会，把学校变成公司的附属品，甚至变成军事训练营。他
们高呼公立学校缺乏资金，却对亚利桑那州等州的种种恶行不置一词。这
些州废除教师终身制并以资历工龄为由清除那些批评倒退政策的教师和
那些被认为过于昂贵的教师，尤其是在用入职级别的薪水可以轻易聘请到
无经验的年轻教师的情况下。这种经济上的大清洗也伴随着另外一种清
洗，即民族清洗。这种清洗表现最明显的是亚利桑那州凤凰城，该州议员
通过了一项废除图森联合学区的民族学课程的议案，理由是它们"鼓吹
种族和阶级仇恨"[31]。亚利桑那州的反移民情绪不仅试图从街道上清除移
民，而且还要延伸到教室里。亚利桑那州教育厅已经给学校下令，要么终
止合同，要么驱逐那些没有达到英语熟练程度标准——"如发音可理解、
语法正确和写作水平优秀"[32]——的教师。这个法规的悲剧性在于，教师
中有许多是双语者，他们的英语往往带有口音。亚利桑那州的这种"请
出示你的证件"的新要求如今又配上了"请让我听听你的发音"[33]法则，
为的是判定你是不是"正宗"美国人。

40　　教师因为带有外国口音而受到惩罚，不仅仅是弗兰克·瑞克所说的"本土主义者脑中风"的大爆发。[34]这是种族主义反智主义的明显表现形式，支持这些做法的人无视课堂上双语教师的教学法价值，看不到他们有利于学生熟悉其历史、文化和语言的积极作用。亚利桑那州的法律之所以把民族学视为对学生的威胁，是因为它集中讲授那些被课程大纲删掉的历史，或更糟糕的，涉及种族主义刻板印象的东西。这种论证所反对的是可能被称为危险记忆的东西，即关于那些被认为反美的斗争的记忆，因为这些记忆批判常常被净化的官方历史叙述或被有些人称为共识历史的东西，即没有冲突、没有斗争、没有抵抗的历史，就像为迪斯尼公司所撰写的一样。这些在种族上臭名昭著的州立法没有任何用途，因为它鼓吹政治无知，即把差异视为学习和民主的威胁，而真正的威胁是固执的偏见。

　　像瑞克这样的自由派批评家对公立学校遭遇的更大威胁了解很少。这些威胁来自企业资本家、营利性学校鼓吹者、贪婪的公司，以及包括从教育券支持者到企图把教学与基于考试成绩的物质奖励联系起来的问责制支持者在内的更广泛的私有化力量。这或许是他没能看到这个矛盾的原因之一，即一方面要保护公立学校教师的就业岗位，同时却使用以市场为基础的描述，把老师作为资本，伴随而来的隐含意义是把学校视为生产商品的工厂，这两个范畴常常被反公立学校的知识分子所使用。教育不仅能积累资本，确立美国作为全球竞争者的有利地位或改善生活水平，它还位于实验室的中心，其中公共价值观、正义，以及民主集中起来为具有批判能力和积极参与的全球公民奠定思想基础。最后，瑞克的学校改革模式模仿了市场逻辑，优先考虑经济价值而不是民主理想。消费者满意度、市场营销、资本积累、效率、不受约束的竞争、企业性管理等都是推动这种功利学校模式和重新定义教师角色的关键概念。这是一种根本不关心伦理、目的、正义的经济学模式。相反，它提供了一种教学法，使实践取代了学习如何思考的艰苦工作，标准化取代了创造性，促使教师去技能化的努力摧毁了教师在为公共利益服务时将思考与实践结合起来的经济、社会和教学法条件。像瑞克这样的自由派根本没有意识到这一点。他们的政治话语过
41 于狭隘，不加反思地轻易接受右翼观念，认定取消管制和重新分配就等于整体的教育改革。

奥巴马—邓肯的教育改革和新自由主义政治

　　奥巴马政府在强调教育改革时最令人吃惊的忽略是它很少考虑或支持这样的观念，即应该教育学生成为民主社会的公民，使其能够积极参与有关公共价值和伦理的辩论，应该讲授必要的知识和技能以支持所有人而不是少数人才能享受的经济机会。学校教育的公共目的和民主目标即便没有被破坏，至少也被轻描淡写地弱化了，因为它特别强调模仿现有赌场资本主义模式所体现的市场价值观的政策、价值和社会实践。如阿恩·邓肯的"争上游竞赛"议题强调在牺牲平等的情况下提高效率，优先考虑测试而不是批判性教学法实践，认可商业价值而不是公共价值，突出强调竞争作为社会斗争的形式而不是合作和分担责任，认可个人权利而不是支持集体利益，所有这些价值观都来自新自由主义操作手册。在此，公众成为体现纯粹自我利益的不光彩词汇，被称作"父母的选择"，是唯一可承认的参与教育改革的动机。[35]并不令人吃惊的是，这个不幸被称为"争上游竞赛"的战略被披上了竞赛的外衣，可能是出于对过去自由市场竞争观念的怀旧感。但实际上，这是一种模仿更无情的市场意识形态议程的竞争，移除了限制特权者的所有障碍，同时缩减了弱势群体尤其是贫穷有色少数族裔的机会。它补充了其他改革政策，它们旨在废除教师工会、取消对教师的保护、将未来的教师置于仰仗管理者开恩的附属位置。管理者则相信教育改革主要是创造数据体系来评估讲课水平和学习效率。作为强烈支持特许学校、营利性办学模式和企业文化价值观的人，邓肯无法想象公立学校的目的除了他愿意认可的市场文化所能想象的东西之外还能有什么更广阔和更民主的内容。这种教育运动已经被伯纳德·麦道夫（Bernie Madoff）总结，并清楚说明了赌场资本主义如何已经产生了一种反改革运动——理解为赌场教育可能更合适些。

　　邓肯的教育政策与应该为当今经济危机负责的模式和实践构成一种 *42* 罪恶同盟。这些模式和实践包括不加批评地赞美经济生活中的取消管制，公共议题沦落为私人议题，制定给予富人特权同时给穷人定罪的政策，用惩罚性国家取代社会福利国家，求助于常识和实践以污蔑理论——即便不攻击思维本身。正是同样的逻辑支持了企业是人的观点，这个观点是1970年代以来接管这个国家的残酷无情的市场极端主义的意识形态基础和政治基础。它也是一种贬低学生和教学法的观点，因为它把年轻人视为简单的数据，把教学视为交货系统。[36]

但是，邓肯的教育工程在贬低和破坏对公共服务来说最重要的教学形式方面走得更远。通过创建几乎完全用来追求经济和物质自我利益的代理人模式，邓肯表达了对公共领域的公然蔑视和对民主的不加掩饰的不屑。邓肯的教育改革议程与1960年代保守派抵抗进步运动的做法有更多相似之处，却没有进步运动的任何残余因素。当时的社会运动在争取高等教育的改革。到了1960年代，校园积极分子反对大学的公司化及其以市场和军事为基础的价值观。教育斗争基本上被定义为争取学术自由、教师自主权、创立民族和女性研究院所、公民权利和言论自由等。教育被定义为自由和授权实践，而非赞美工具理性和企业价值观。[37]现在，我们发现自己不知不觉来到这样一个社会，即霍布斯（Hobbs）所说的"所有人反对所有人"已经成为第二天性的社会。机构、政策和更广泛的文化现在都不无蔑视地看待国家的义务观念，即国家有义务保护所有公民免受不幸的侵害、缺乏尊严的痛苦和贫困的恐惧等。国家支持已经让位于对这些保护满脸不屑的看待，只剩下"慈善、羞辱和污名化的文化"来满足那些如今被视为垃圾的民众的需要，这些民众被当作热衷消费主义的市场社会的废物。[38]

在奥巴马和邓肯的美国，种族主义病态和财富、收入、权力的不平等的破坏性影响似乎不存在，然而，这些恶劣影响的后果却包括从教育机会丧失到贫穷的少数族裔被大规模抓进监狱等。[39]电影《华尔街》中的人物戈登·盖柯（Gordon Gekko）的无情竞争观念就出于其丑陋的信念动机，即贪婪是好的，贪婪是正确的，贪婪起作用。它已经重新出现在官方认可的教育话语中，出现在强调市场竞争和选择等价值观的政策中，譬如通过用金钱奖励那些达到所谓客观的绩效目标的教师和学生而驱使教师处于相互竞争的状态。这也体现在教师教育模式上，它强调实际技能而不是那些教育形式，这些形式实际上让教师能够思考自己教什么、如何教，以及将教学背景理论化，即把自己的教学当作加深和提高学校重要的公民目的的更大努力的组成部分。这里缺少的是一些教育改革观念，如致力于为所有孩子提供高质量的教育，同时保持核心内容的旺盛活力。这些核心内容是令人振奋的民主所需要的最重要的理想、价值观、构成性文化和社会关系。而邓肯的"争上游竞赛"以及他与特许学校的暧昧关系得到常青藤势利小人的支持，这些人有着对私立学校求学经历的怀旧的——即便不是狭隘的——迷梦。白人百万富翁和富裕的基金会渴望有文化的工人的新贱民阶级，大批关注自身利益的反公共知识分子渴望在营利性教育产业中获得丰厚的经济回报。[40] 他们的共同点是蔑视公共教育观念，即教师有实权，公立学校被视为整个工程的组成部分，在此工程中，年轻人接受教育从而成为社会政治、经济、文化领域的重要参与者。

奥巴马和邓肯推动的教育政策最令人担忧之处在于其围绕构成性文化而组织起来的紧密程度，在这种文化中根本没有为公共教育话语的合理性辩护的语言，如强调公共目的高于自我利益、批判性思考领先于一致性文化、教学法被视为生产性的社会力量等。教育总是参与特定知识模式、能力、价值观、社会关系的创造过程，无论我们自己是否承认这一点。教学法不能被简单地简化为强调测量和将课堂实践进行量化的精制实践，虽然邓肯之流一直在朝这个方向努力。这些反公共的改革者发起言论战争就是希望赢得公民的支持或者至少引起公民的满足，同时选择忽略其建议的实际后果。这些公共关系改革者根本不谈支配和冲突。实际上，战胜所有政治和道德考虑的话语是"选择"，这是市场驱动的终极价值。邓肯及其新自由主义盟友推动的对实际表现和数据考核成绩的强调，不仅代表了抽象实证主义战胜内容，而且把教育改革简化为方法论监狱。[41] 邓肯强调实 *44* 际表现和实证性最终只是把改革者从理论的重压下解放出来，无须在理论上阐述权力、政治和伦理等问题。当然，这种议题直接进入核心，即如何把教学法理解为道德和政治实践而不仅仅是技巧或方法。

公立教育和高等教育是关键，它们提醒人们意识到公共机构和场所的重要性和必要性，这些地方受公共价值观而不是有限的商业价值观支配。它们与社会福利国家契合，其中管理问题不能被简化为个人和企业利益，而应该被定义为公共利益的组成部分。为此，学校处于为学生提供知识和技能的前线，使学生能够质疑权威，将个别经验与更大的社会力量结合起来，把个人议题转变为公共考虑，创造一种构成性文化。在构成性文化中，知识和理性反对那种最终目的是创造快乐的机器人的教学法形式。教育改革很重要，但它不能被视为与更广泛的危机脱离关系的孤立议题。只有在联系权力、读写能力、经济、文化和民主危机的情况下，我们才能获得理解和争取教育的更大背景。

在美国，教育政治被反改革者视为增强个人竞争力的私事，其作为公共利益的角色遭到破坏。在希腊、英国、法国等国，教育被理解为不仅是争取个人权利和政治权利，而且也是争取社会权利的斗争的关键。社会权利的基础是公共性、团结和共同利益等观念，其中个人自由不可能脱离社会和伦理责任等义务而独立存在。在西欧各国和美国，教师、学生、工人和其他很多人深刻体会到被出卖的感受和道德义愤，他们看到社会福利国家被取消，政客们迫不及待地依靠救助计划保护特权者、富豪和大公司的利益，同时把当今经济衰退的重担转嫁到工人阶级和中产阶级身上。虽然由于教育的大幅度资金削减而产生的被出卖的感受和道德义愤影响到几乎所有国家，但欧洲学生和劳工积极分子的反应受到更好的理论指导，他们对新自由主义政治运作的理解更广泛，对赌场资本主义的深远影响有更深刻的认识。政治素养文化在雅典、巴黎和伦敦似乎还充满活力而且运行良好；但在美国，它已经遭到重大打击并陷入衰落。

奥巴马政府的教育政策越来越多地表现出偏向特定教育体制和更广泛的文化机构的倾向，这种体制和机构已经被彻底商业化、工具化，而且受私人利益而非公共利益的支配。令人好奇的是，虽然美国金融领域的有关人士表达了对市场价值观的某些怀疑，但教育辩论似乎是少数几个完全不反思新自由主义价值观的地方之一。重申政治素养文化所需要的教学法条件表明，我们若要维持民主的存续，就需要认真看待教育问题。至少，现在到了美国人关注维持教育理论和教学法实践的根本重要性的时候了，因为只有教育才能产生民主所需要的知识、价值和构成性文化，才能让年轻人相信民主是值得为之奋斗的理想。

注释

[1] Nick Anderson, "Recession Could Result in Deep School Staff Layoffs, Larger

Class Sizes," *Washington Post* (April 21, 2010), p. A02.

［2］Frank Rich, "Fight On, Goldman Sachs!" *The New York Times* (April 25, 2010), p. WK12.

［3］［4］［5］Chronis Polychroniou, "Greece on Edge of Abyss," *Open Democracy* (May 16, 2010), http://www. opendemocracy. net/chronis-polychroniou/greece-on-edge-of-abyss.

［6］这种批评模式有悠久的历史，可以在莱特·米尔斯（C. Wright Mills）、理查德·桑内特（Richard Sennett）、汉娜·阿伦特（Hannah Arendt）、齐格蒙特·鲍曼等人的众多著作中找到。

［7］See Bob McChesney, *Communication Revolution* (New York: The New Press, 2008) and John Bellamy Foster, Robert W. McChesney and R. Jamil Jonna, "Monopoly and Competition in Twenty-First Century Capitalism," *Monthly Review* 62: 11 (April 14, 2011), http://monthlyreview. org/2011/04/01/monopoly-and-competition-in-twenty-first-century-capitalism.

［8］对这种不受约束的赌场资本主义的辩护和促成它的意识形态极端主义的典范说明，参见 Arthur C. Brooks, "America's New Culture War: Free Enterprise vs. Government Control," *Washington Post* (May 23, 2010), p. B1。

［9］笔者和斯坦利·阿罗诺维茨就这个议题写文章已经有一段时间了。See Stanley Aronowitz and Henry A. Giroux, *Education Still under Siege* (Amherst, MA: Bergin and Garvey, 2004). See also Stanley Aronowitz, *Against Schooling* (Boulder, CO: Paradigm Publishing, 2008); Henry A. Giroux and Susan Searls Giroux, *Take Back Higher Edcation* (New York: Palgrave, 2004); and Henry A. Giroux, *Schooling and the Struggle for Public Life*, 2nd ed. (Boulder, CO: Paradigm Publishing, 2005).

［10］Cited in Robert Jensen, "Florida's Fear of History: New Law Undermines Critical Thinking," *CommonDreams. org* (June 17, 2006), http://www. commondreams. org/ *46* views06/0717-22. htm.

［11］Tamar Lewin, "Citing Individualism, Arizona Tries to Rein in Ethnic Studies in School," *The New York Times* (May 13, 2010), p. A13; and Isabel Garcia and Kim Dominguez, "Arizona Students Protest New Law Banning Ethnic Studies Classes," *Democracy Now!* (May 14, 2010), http://www. democracynow. org/2010/5/14/arizona_students_ protest_new_law_banning. Appearing on MSNBC's Hardball with Chris Mathews, 亚利桑那州教育公共指导首席检察官汤姆·霍恩（Tom Horne）的教育事务联络人道

格·尼克（Doug Nick）认为阅读了保罗·弗莱雷（Paulo Freire）的《被压迫者教育学》的学生受到鼓励要重新占领美国西南部的部分地区。这是对弗莱雷著作的愚蠢的误解，该书主张的是提出问题的教育，反对他所称的"灌输式"教育。把任何涉及种族和民族性的范畴都贬低为从事历史、文化或者身份认同和社会行动问题的努力的组成部分的观点是种族主义话语。在这种观点看来，文化的、种族的和民族的差异比盲从偏见更加危险。

［12］Jennifer Medina, "Bloomberg Moves to Block Teachers' Raise," *The New York Times* (June 2, 2010), http://cityroom. blogs. nytimes. com/2010/06/02/mayor-elimi-nates-teacher-raises-to-save-jobs/? hp.

［13］Paul Jay, "Interview with Gérald Dumenil: Greece, a Crisis Born of Neo-liber-al Madness," *The Real News* (March 10, 2010), http://therealnews. com/t2/index. php? option = com_content&task = view&id = 31&Itemid = 74&jumival = 4883.

［14］Loic Wacquant, *Punishing the Poor: The Neoliberal Government of Social Secur-ity* (Durham, NC: Duke University Press, 2009), p. 306.

［15］［16］Costas Douzinas, "Greece Can Fight Back Against Neoliberals," *Guardi-an UK* (April 27, 2010), http://www. guardian. co. uk/commentisfree/2010/apr/27/greece-imf-eu-welfare-state.

［17］Robin Hahnel, "Financial Reform," *ZSpace* (May 7, 2010), http://www. zcommunications. org/financial-reform-by-robin-hahnel.

［18］［19］Robert Reich, "Bail Out Our Schools," *Truthout* (March 8, 2010), http://www. truthout. org/robert-reich-bail-out-our-schools57489.

［20］"National Priorities Project Tallies Cost of War Through September 30, 2010," *National Priorities Project* (January 11, 2010), http://www. nationalpriorities. org/2009/1/11/Cost-of-war-tallies-through-FY2010.

［21］这些数字来自战争计算器计算的成本，见 http://www. stwr. org/special-features/cost-of-war-calculator. html。

［22］Gilbert Mercier, "The U. S. Military Spending Keeps Growing and Growing," *News Junkie Post* (February 1, 2010), http://newsjunkiepost. com/2010/02/01/the-us-military-spending-keeps-growing-growing. 有关美国军事主义的一些重要资源包括：Andrew J. Bacevich, *The Limits of Power* (New York: Metropolitan Books, 2008); Nick Turse, *How the Military Invades Our Everyday Lives* (New York: Metropolitan Books, 2008); Andrew J. Bacevich, *The New American Militarism* (New York: Oxford University

Press, 2005); and Chalmers Johnson, *The Sorrows of Empire* (New York: Metropolitan Books, 2004)。

［23］Juliet Schor, "A Cure for Consumption," *Boston Globe* (May 30, 2010), http://www. boston. com/bostonglobe/editorial_opinion/oped/articles/2010/05/30/a_cure_for_consumption/? page = 2. 对这个议题的更详细分析，参见 Juliet Schor, *Plenitude: The New Economics for True Wealth* (New York: Penguin, 2010)。

［24］Anne Frémaux, "The Educational Crisis, Symptom and Crucible of Societal Crisis," *Truthout* (April 5, 2010), http://www. truthout. org/the-educational-crisis-symptom-and-crucible-societal-crisis58505.

［25］［26］［27］Les Leopold, "Hey Dad, Why Does This Country Protect Billionaires, and Not Teachers?" *AlterNet* (May 5, 2010), http://www. alternet. org/module/printversion/146738.

［28］John D. Mckinnon, "Over 60 Percent of Corporations Didn't Pay Taxes," *Wall Street Journal* (April 07, 2004), http://www. nomoa. com/news/Over_60_Percent_of_Corporations_Didn't_Pay_Taxes.

［29］Leopold, "Hey Dad."

［30］Wendy Brown, *Regulating Aversion* (Princeton: Princeton University Press, 2008), p. 88.

［31］Howard Fischer, "Legislator Take Aim Anew at Ethnic-Studies Programs," *Capital Media Services* (April 29, 2010), http://azstarnet. com/news/local/edcuation/precollegiate/article_clf53405-acab-5f21-a580-a199a68ff76c. html.

［32］［33］Miriam Jordan, "Arizona Grades Teachers on Fluency," *The Wall Street Journal* (April 30, 2010), http://online. wjs. com/article/SB10001424052748703572504575213883275427528. html.

［34］Frank Rich, "If Only Arizona Were the Real Problem," *The New York Times* (May 2, 2010), p. WK10.

［35］托尼·朱特（Tony Judt）对这种在牺牲公共利益的情况下热衷于物质利益的转变进行了精彩的分析，参见 Tony Judt, *Ill Fares the Land* (New York: Penguin, 2010)。

［36］对学生被视为没有历史、情感、欲望、经验的数据的贬低性实证主义的反对意见，参见 Gaston Alonso, Noel S. Anderson, Celina Su, and Jeanne Theoharis, *Our Schools Suck: Students Talk Back to a Segregated Nation on the Failures of Urban Edu-*

cation (New York: New York University Press, 2009)。

[37] See Ellen Schrecker, *The Lost Soul of Higher Education: Corporation, the Assault on Academic Freedom and the End of the American University* (New York: The New Press, 2010); and the speical journal issue on "Academic Freedom and Intellectual Activism in the Post-9/11 University," ed. Edward J. Carvalho, *Works and Days* 26 & 27 (2008-2009). See also Marc Bousquet, *How the University Works* (New York: New York University Press, 2008); and Henry A. Giroux, *The University in Chains: Confronting the Military-Industrial-Academic Complex* (Boulder, CO: Paradigm Publishers, 2007).

[38] Zygmunt Bauman, *Living on Borrowed Time: Conversations with Citlali Rovirosa-Madrazo* (Cambridge: Polity, 2010), p. 7. 有关奥巴马政府的新自由主义教育政策，尤其是教师教育、教育领导权、特许学校、教育券、公司价值观等如何受到市场驱动下的企业慈善家的影响的精彩分析，参见 Kenneth J. Saltman, *The Gift of Education: Public Education and Venture Philanthropy* (New York: Palgrave Macmillan, 2010)。

[39] 有关不平等对美国各个方面的破坏性影响，参见 Tony Judt, *Ill Fares the Land*。

[40] Steven Brill, "The Teachers' Union's Last Stand," *The New York Times* (May 17, 2010), pp. 32–39, 44–46.

[41] 这些议题的精彩讨论可参见并不久远的米尔斯或法兰克福学派成员或 1980 年代主张新教育社会学的人士的著作。

第四章　特许学校的灾难：为什么邓肯的企业学校无法提供真正重要的教育

新奥尔良教育体制上的最好变化是卡特里娜飓风。

——阿恩·邓肯

如今，幻想成为贬义词，我们往往对本应该感到羞耻的东西感到自豪。

——齐格蒙特·鲍曼

以市场为基础的教育改革和欺骗政治

在阿恩·邓肯的世界，教育改革的语言是将教育政策和实践中的竞争、测量、量化等模式神圣化的魔咒。现在，竞争成为最重要的词汇，是组织和定义学校和课堂教学实践的核心，毫无疑问，它通过奥巴马的教育改革政策"争上游竞赛"而变得人人皆知，竞争里面隐含着华尔街价值观和赌场资本主义。在这种话语中，似乎很少有人理解，正如斯图亚特·霍尔（Stuart Hall）所说，"个人竞争带来的好处还存在一个边界"[1]。当然，竞争本身不是问题，因为竞争在很多地方可能是健康的。克里斯托弗·纽菲尔德（Christopher Newfield）指出，真正的问题在于竞争变成了 "唯一的社会组织原则"[2]。当奥巴马政府推行的教育政策出现这种情况时，后果之一就是学校的最终代理人像不受约束的个体一样，争夺经济回报、地位和就业岗位。向不受约束的市场竞争致敬在教育界的表现就是将课程庸俗化和工具化，将教师的工作粗俗地简化为既狭隘又原始的方法和技巧。把独立的热衷竞争的个人当作学习主体和代理人是公共伦理学的重大转变，一方面彻底抛弃社会契约，另一方面严重削弱社会责任、激情和公共价值观等观念。对新自由主义议程也很关键的是公共资金流入有钱的个人和公司手中。此外，还有对私有化、取消管制和推动特许学校的持续迷恋，这些主要被用来抽调和优待中产阶级学生，同时推动那些以资金不足的公立学校为目标的跟踪和社会倾销形式。[3]最后，还有推动基本上按照臭名昭著的企业文化形象塑造的管理结构的问题，其目的在于重塑公立学校的管理机制，使其成为更广大政治工程的组成部分，即在削弱教师和工会权力的同时赋予企业精英不受问责的庞大权力。

随着私有化的势力与很多都市地区如芝加哥的公共住房的拆毁合流，特许学校和私立学校变成了将日渐破败的市区改造为良好的中产阶级居住区，以及出现封闭社区的滩头阵地。而且，这些变化背后的价值观基础如今出现在学校本身，因为学校里面充斥着根本不知道"如何为了公共利益共享公共空间"的管理者、教师和学生[4]，他们都还没有学会如何有效地对付种族和经济差异。[5]自 1980 年代以来，这些改革措施的地位越来越巩固，这代表着新自由主义意识形态和政策对公立教育的胜利。公立教育从前被视为民主理想、价值和实践的宝库。奥巴马和邓肯不是挑战那些改革措施，而是简单地将其合法化并继续扩展。这些措施的遗产更多涉及的是废除种族隔离而不是培育民主办学。他们打着教育改革的幌子，实际上以更危险的方式调整了布什政府时期广受批评的政策。这些教育政策的反动因素众所周知：所有领域都存在的不受限制的个人主义、不受任何约束的竞争、知识的商品化、使用重要考试成绩作为衡量学习效果的终极*51* 标准、企业价值观作为教育变革的宏大隐喻。所有这些都显示民主和任何接近赋权教育的东西都惨遭粗俗的扭曲。尤其是邓肯，在谈论问题、价值、议题、产品时，似乎没有什么不能被测量和量化，似乎一切都受到市场创造利润的要求的束缚。如果公立学校拥有潜力成为年轻人参与批判性对话、交流和创造的活跃空间，这种潜力在邓肯的办学观念中则是绝对没有的。实际上，如果说邓肯即便不是蔑视，至少也忽略了美国生活中从托马斯·杰斐逊（Thomas Jefferson）到莱特·米尔斯和汉娜·阿伦特的悠久传统，那绝对没有冤枉他。这种传统一直承认公民是培养出来的而不是天生的，公立学校是健康的民主实现社会化过程的关键政治场所。[6]

有趣的是，学生受制于被剥光的学校教育观念，从而更难进行批判性思考，也更难想象一个挣脱竞争真理的世界，一个完全不受利润、金融得失和经济算计约束的世界。因为受制于破坏批判性思考、教学和对话却竭力主张遏制、安全和一致性的教学法，当今的公立学校话语强调最极端形式的市场价值观，创造了威廉·布莱克（William Black）所说的"犯罪基因环境"。这种价值观鼓吹市场实践并使其合理化，甚至可能包括弄虚作假、取消管制以及其他变态做法。[7]布莱克宣称这种环境的病态教学法可以在商学院中找到，他认为那里简直就是精英的"造假工厂"。[8]他写道：

> 我们现在有享受特权的一代首席执行官。他们觉得自己发财理所当然……没有责任，也无须被问责。他们已经变成自由的反社会人员。所以，现在我们需要做的一件事就是清理商学院，因为它们现在已经变成了高级造假工厂，不是吗？它们制造出控制和摧毁大企业的新魔鬼，引发全球的经济危机，造成大规模的经济衰退。[9]

布莱克描述的这些价值观如今同样推动了公立教育的改革运动。邓肯的立场之所以令人担忧，就在于他几乎没有提到社会中存在的腐败、弄虚作假、丑闻、贪婪、犯罪行为等，这些常常与被他拿来作为公立教育模范的残酷无情的企业文化联系在一起。邓肯的教育观点中根本没有提到或很少谈及自我反思，这就说明驱使他呼吁公立学校改革的价值观与造成安然公司丑闻、庞氏骗局、"骗子贷款"、次贷危机和2008年更大经济危机的价值观具有可怕的一致性。邓肯的冷漠起到了自免疫系统的作用，不是保护生命而是转向身体政治，摧毁支持生命的器官和功能。[10]他在政治上和道德上对自己热衷的企业文化中重要的价值观的漠不关心使他根本看不到像火山灰一样弥漫在空中的腐败、违法乱纪和各种丑闻，这些火山灰在2010年初夏曾让欧洲陷入危机。

这些腐败行为中有些非常明显地表现在佐治亚州、印第安纳州、马萨诸塞州、内华达州、弗吉尼亚州等的管理者和教师篡改的报告中，他们为了工资奖金或岗位晋升竟然更改考试成绩。[11]还有许多学校竭力依靠经济刺激来模仿市场价值观，不仅出售点心来筹款而且还出售考试成绩。[12]在芝加哥和华盛顿特区，有些学校的学生已经被付钱以取得好成绩，似乎快速得到金钱奖励是最重要的学习动机。实际上，这对让学生进行批判性思考、积极参加公民活动和提高想象力的教学形式造成严重威胁。接受教育认为经济利益是最好的学习动机的学生会质疑这样一种教育体制，即"像历史、文学、古典学、哲学等课程的价值也只能依据其销售自己作为促进经济增长的工具的程序来衡量"[13]吗？他们能够认识到无法被商品化的或不能只以市场上的交换价值来对待的价值的重要性吗？诚实、文明、信任、爱情和对他人的责任等该从哪里进入这种话语呢？

显然，金钱不仅有力量腐化人，而且能够让那些认为教育是影响学生的最重要力量的非教育改革者变得愚蠢或者伪善。拿钱买分数不仅给学生上了错误的一课，而且清楚说明出卖教育已经变成标准做法。[14]这些故事的惊人之处是他们模仿了华尔街银行家的价值观和做法，这些家伙无耻地没有任何歉意地进行破坏性的和剥削性的金融活动以获得巨额短期利益，这些实践最终导致经济危机和全球千百万人难以承受的艰难和痛苦。人们可能认为学校是最后一个把动机问题和教师美德主要与金钱奖励联系起来的机构。奥巴马和邓肯似乎没有认识到其改革政策对赌场资本主义毫无歉意的挪用。赌场资本主义公然地展现在高调宣传的企业资本家的活动中，他们集中起来进行注定要失败的金融交易，然后在牺牲投资者利益的情况下大赌一把。同样一批人如今又寻求把公立学校作为获得快速和丰厚利润的计划的组成部分。奥巴马和邓肯是否看到了指导银行业和金融业用次贷欺骗穷人的价值观与其改革背后的刺激措施的联系？他们是否看到了推动特许学校和公立教育私有化的企业文化价值观与在营利性高等教育体制中起作用的腐败价值观的联系？

以市场为中心的高等教育价值观的腐败本质最近清晰地出现在前线公司（Frontline）名为《学院公司》（*College Inc.*）的电视纪录片中。该片突出报道了若干忙于购买失败的大学和中学的教育企业家，他们为这些学校注入很多资本，然后将其变成营利性学校。当被问到是如何让这些学校成功的时，一名企业家迈克尔·克利福德（Michael Clifford）回应说，这需要"金钱、管理和营销"，他的金融支持者从交易中获得的利润之巨连他都不好意思说出来。[15]人们或许只知道克利福德不愿意提及营利性学院企业赚取的利润，不过只要看看彭博网站透露的营利性学院连锁企业斯特雷耶教育公司（Strayer Education Inc.）董事长和首席执行官罗伯特·希尔伯曼（Robert Silberman）的情况就大致可以明白了，他2009年获得了4 190万美元的补偿。许多这种私人教育公司的收入90%来自联邦财政援助项目（学生贷款违约率是私立非营利性大学学生的三倍），这些机构的首席执行官从学生身上榨取了巨额利润，这些学生要在余生中偿还大学贷款。人们如何将市场实践与下面这个事实联系起来呢？"2003年以来，九个营利性学院圈内人出售了价值4 500万美元的股票，最大的营利性学院——阿波罗凤凰城大学的副主席彼得·斯波灵（Peter Sperling）获利5.743亿美元。"[16]还有更糟糕的情况。"招生规模第二大的营利性学院连锁企业匹兹堡教育管理中心前首席执行官和主席罗伯特·B·纳森（Robert B. Knutson）获利1.32亿美元，伊利诺伊州道纳斯格罗夫的营利性高等教育公司迪弗莱公司（DeVry Inc.）前首席执行官丹尼斯·凯勒（Dennis Keller）和罗纳德·泰勒（Ronald Taylor）在股票交易中获得1.104亿美元，圣地亚哥博桥教育公司（Bridgepoint Education Inc.）的董事长和首席执行官安德鲁·克拉克（Andrew Clark）在2009年获得高达2.05亿美元的补偿。"[17]而马萨诸塞州坎布里奇的哈佛大学校长德鲁·福斯特 54（Drew Faust）的薪水是80万美元，如果与营利性学院企业的高收入者相比，这简直微不足道。纽约州立大学高等教育系统的校长金兰溪（Nancy Zimpher）的薪水是54.5万美元，而阿波罗联席首席执行官查尔斯·埃德斯坦（Charles Edelstein）在截至2009年8月31日的学年获得了675万美元。[18]镀金时代的这些强盗大亨的薪水直接来自低收入者和少数族裔学生背负的财政援助债务。

　　营利性企业家克利福德在《学院公司》纪录片中没有提到的是，为了让这些学校赢利，他们取消了终身教授岗位，依短期合同聘任教师，采取强势的市场营销手段招收被迫接受联邦贷款的学生，收取高昂的学费。问题是要想赢利，学校就必须源源不断地吸引学生前来。他们之所以能这么做是因为学生很容易获得政府支持的贷款，但对许多学生来说，这笔贷款他们根本还不起，从而背上数千美元的债务。实际上，教育信托和皮尤研究中心最近进行的两项研究宣称，这些学校拉来了"庞大的债务"。皮尤研究中心的实证调查显示："2008年，在营利性学院获得本科学位的学生中有大约四分之一的人借债在4万美元以上；与之相比，公立大学的学生只有5%，非营利性大学的学生中只有14%背负这么高的债务负担。"[19]美国最大的营利性学院——凤凰城大学在线学生只有5%在6年期限内毕业。营利性学校不只是营利性工厂，它们可耻地宣称为穷人学生带来了好处，却眼看着学生为几乎没有任何价值的学位而积累起越来越沉重的巨额债务，中途退学者更是什么也得不到。营利性高等教育领域已经变成赌场资本主义的西部荒野，其公然腐败的猖獗程度甚至遭到原本坚定支持以市场为基础和消费驱动的教育的群体的批评，因为市场的这种过分行径已经威胁到了这种立场的可靠性。教育信托公布的一份报告《次贷机会》就严厉批评了营利性高等教育领域，虽然该组织坚定支持教育中的营利性刺激措施。该报告说：

> 营利性学院与政府的摊牌是说明美国梦没有实现和不值得追求的另外一个例子，因为它与让富人更富、穷人更穷的监管疏漏联系在一起……公立和私立非营利性机构没能为学生提供高水平的服务，加上联邦政府学生贷款援助的公共补贴光环，共同创造了营利性学院存在的庞大市场。那些营利性学院使用强大的招生策略，鼓励学生大量借贷根本还不起的债务以换取"选择"和"机会"的允诺……他们不是为学生提供通向中产阶级的稳定道路，而是开辟了把学生引入美国经济下层地下室的邪路。[20]

而且，增长的压力已经造成不少学校使用让人怀疑的高压招生技巧来招揽学生，许多学生的功课根本跟不上，最终只能退学。最大的营利性大学——凤凰城大学花费总收入的20%～25%来进行招生宣传，而花在教师身上的钱只有10%～20%。[21]总体上看，营利性学院花费大约30%的收入在广告和营销上，同时"在2010年花费超过600万美元进行游说活动"，并为"国会议员选举和政治行动委员会等资助数百万美元"[22]。在有些情况下，学生是在虚假宣传的哄骗下被招进来的，如宣称其学位课程得到承认，但实际上并不被承认。阿格斯大学达拉斯分校就被一些学生告上法庭，因为他们宣称心理学硕士项目得到美国心理学协会的承认，但实际上并非如此，这导致这些学生拿到的学位一文不值，并背上了沉重的债务负担。[23]一个 20 岁的单身母亲丹尼斯·帕奈尔（Denise Parnell）试图实现她一直以来当护理助理的梦想，在 2009 年夏天报名上了营利性的伊利诺伊州卫生学校。但就在她即将完成 8 个月的学习时，"她得知自己的辛苦努力和几千美元联邦助学贷款白白浪费掉了，因为该学校的这个项目并没有得到伊利诺伊州公共卫生局的批准"[24]，更糟糕的是，她还背上了13 000 美元的债务。在调查中，学校承认放任某些工作人员散布"没有核准的和错误的"[25]信息。换句话说，学校向学生撒谎，欺骗无助的年轻人陷入令人恐怖的债务漩涡。

问题不仅仅是若干营利性学院弄虚作假。这些学院的金融成本不仅远高于公立学院，而且还采用欺骗手段大量招收本来经济状况就不好的工人阶级和贫穷少数族裔学生。许多招生顾问的工资完全是由招收学生的数量来决定的，这更刺激了工作人员引诱弱势者，诱使他们赶紧贷款。比如营利性高等教育公司德里克商学院（Drake College of Business）从无家可归者救助中心招收年轻人，同时收取其每年 15 000 美元的学费。[26]这些学生中有很多在贷款上弄虚作假，为该校提供了意外之财。事实上，据估计，"营利性学院的违约率可能高达 50%"[27]。在《学院公司》纪录片中，当有人问阿恩·邓肯这些学生的贷款造假和贷款违约率的问题时，他漫不经心地回答："这是我们需要关注的问题。"[28]的确如此！但如果邓肯在这里对营利性学院表现出了任何怀疑的话，他在后来的午餐会讲话中收回了这些怀疑，因为他坚持认为"营利性大学在为学生提供就业培训方面"发挥了"关键作用"[29]。

在邓肯神圣化市场力量同时却忽略那些陷入高压招生伎俩和贷款深渊的学生所遭受的苦难时，营利再次战胜了学生的需要。在纪录片《学院公司》中，前招生顾问说："如果我们的招生数量下降，培训者就会过来告诉你，把向外打出的电话从每天 300 个增加到 450 个以满足这些数额要求，并招到申请者。"[30]更令人担忧的是，"向营利性学院提供的联邦援助已经从 2000 年的 46 亿美元一下子飙升到 2009 年的 265 亿美元"[31]。美国纳税人在为这些学生补贴贷款，而私人投资者从违约贷款中获取巨额利润。《彭博新闻》的教育记者丹尼尔·戈登（Daniel Golden）宣称："纳税人事实上在资助这个产业，其收入中的大约 75% 源自联邦补贴和贷款。"[32] 如今凤凰城大学 "88% 的收入来自联邦政府，而十年前只有48%"[33]。卡普兰大学 95% 的利润从纳税人资金中获得。值得注意的还有，纳税人已经让凤凰城大学的创始人约翰·斯波灵（John Sperling）成了亿万富翁，并把数百万美元收入给了其高级管理者。同样，以上这些学校的学生将背上沉重的债务负担，如果中途辍学的话则更是如此。联邦政府公布的数据显示，"25% 的营利性学院毕业生在三年内违约。而如美国学院注册与招生负责人协会发言人巴马克·纳西里安（Barmark Nassirian）解释的，'如果你在联邦助学贷款上违约，你就会一辈子被追踪。这是最容易征收的债务，'他说，'这项债务是在你破产时也不能取消的。他们会到法院起诉你，这会毁掉你的人生。'"[34] 齐格蒙特·鲍曼指出："学生被迫或被鼓励依靠贷款生活，去花费很多年后才有希望还上的钱（假设经济繁荣和放纵消费能够持续那么长时间的话）。永远生活在债务中，培养'生活在债务中'的艺术已经被纳入国民教育的课程表中。"[35] 这些是掠夺性新自由主义政策、价值观和动机，它们也是促成私有化、教育券和特许学校的因素，得到阿恩·邓肯的强烈支持。

这些特许学校管理者的领导人或许也从投资营利性大学的富有企业家那里获得启示。《纽约时报》最近报道，现在许多风险投资经理已经把目光盯上了特许学校，"因为他们看到了国家教育困境的企业家解决办法"[36]。这些声称关心公立教育问题的人所忽略的是沉湎于市场的痴迷、对私有化的崇拜和快速发财的欲望。据说特许学校"特别吸引许多管理风险基金者不受约束的本能"[37]。人们希望这种说法仅仅是午夜喜剧片的创作素材；相反，它们却显示了这些富有的企业大亨和公司老总从他们应该为之负责的金融危机中学到的教训是多么有限。这帮华尔街赌徒想用卑鄙的价值观来创办特许学校和推动教育改革，正是他们的腐败和这种价值观曾经导致银行倒闭和数百万美国人的积蓄和工作毁于一旦，"赤裸裸的投机……导致 2008 年金融市场坠入悬崖"[38]。在围绕特许学校运动的故事中，不断寻求能够投资的新市场成为影响支持者的主要因素，而当然不是社会价值和公民良心。一位支持华尔街的特许学校支持者说明了风险投资基金经理热衷于特许学校的真正动机。他写道："这显然是国家最重要的事业，因为国家提供了这么多资金，外部捐款被疯狂地杠杆化了。"[39]
但是，这里存在着比时尚潮流和高涨的雄性荷尔蒙水平更重要的东西，也
是人们通常怀疑的东西：贪婪。当然，除了有机会接触到很少会被问责的
现金流之外，还有机会破坏工会，聘用廉价和超负荷工作的教师，组织课
程和课堂教学法来传授企业价值观和原则等。正是这些价值观为投资者处
理教育等公共利益的赌场资本主义途径进行辩护。

呼吁摧毁公立学校的某些私有化鼓吹者非常清楚他们是如何看待特
许学校的角色的。比如，保守派智库福特汉姆研究所研究员安迪·斯马里
克（Andy Smarick）就认为，关闭所谓的糟糕公立学校（所有公立学校的 *58*
模式一样）的决定需要建立在市场力量的"创造性破坏"基础之上。他
相信特许学校提供了中途加油站来推行市场的意志。简单地说，特许学校
应该被允许失败以便能够被私有企业接管。至于公立教育改革，他认为：

> 解决办法的开端是要确立关闭学校的清晰程序。实施这种操作的
> 最简单和最好方法是特许学校模式。每个学校与州或区政府合作制定
> 五年的绩效合同。在某些关键领域如果连续多次不达标，学校将被关
> 闭。关闭学校造成的动荡并不值得害怕，相反，这是我们熟悉的企业
> 健康发展的先决条件。[40]

大卫·哈维（David Harvey）有一个更好的术语来解释这个过程：他
称之为"剥夺式积累"[41]。肯尼斯·萨尔曼在对市场力量如何在教育灾难
中发财的精彩分析中使用了绝妙的说法——"砸抢式私有化"[42]。与希望
用市场驱动下的社会取代市场的斯马里克及其同僚不同，哈维和萨尔曼等
人表现出合理的怀疑，他们不相信私有企业有能力辨认出什么对社会的健
康有好处并付诸实施。在经历了过去20年没完没了的企业丑闻——从安
然公司到美国国际集团到英国石油公司在墨西哥湾的无耻行为——之后，
已经非常清楚的是，对企业有好处的东西或许实际上对环境、民主和公民
社会具有破坏性。

支持特许学校能够赚很多钱，众多风险基金投资经理、有钱的美国人
和华尔街经理对此心知肚明，他们争先恐后地排着队去支持特许学校。包
括盖茨基金会、沃尔顿家族基金会、布罗德基金会在内的空前数量的富有

的基金会"都投身于特许学校和通过考试成绩评估教师"[43]。值得重复说明的是，他们的理由并非出于慈善爱心。《纽约每日新闻》专栏作家胡安·冈萨雷斯（Juan Gonzalez）在一篇重要的文章中指出，2000 年克林顿政府时期通过了一部被称为"新市场税收补贴额度"的法案，如果投资特许学校，银行和股票基金就能获得巨额联邦税收补贴。[44] 讨厌的企业行径、庞氏骗局式的腐败、学校为这些减税和金融投资而承受的种种痛苦都可以从冈萨雷斯这里得到解释。在接受阿米·古德曼的采访时，他说：

> 事实在于花钱建立特许学校的投资者在七年中通过联邦政府 39% 的税收补贴额度得到基本上或实际上双倍的金钱回报。这是对他们借贷资金的税收补贴。除了 39% 的税收补贴外，他们还可以获得贷款利息，还可以搭上顺风车，获得其他种类的联邦税收补贴，如历史文物保护或创造就业机会或棕色地带（指城市中拆除旧房后可盖新建筑物之空地——译者注）补贴。结果，你投入一千万美元，七年后你的钱将翻一番。问题是特许学校最后还要支付租金和债务。所以，澳尔巴尼的很多特许学校正在竭力支付债务，他们的租金已经从每年 17 万美元增加到了 50 万美元。就在要偿还建设贷款时，租金迅速增长，租金正在耗掉总成本中的庞大比例。当然，钱来自州政府；但问题是这些特许学校中很多都没有经过审计，没有人知道谁是赚取巨额意外横财的投资者。通常，特许学校董事会与组织及联合财团贷款的非营利性群体之间有着千丝万缕的联系。[45]

作为特许学校的强有力支持者，邓肯很少承认这些学校存在很多问题，虽然许多令人气愤的危险信号已经引起了公众的注意。比如有越来越多的证据显示，特许学校在学生成绩方面与公立学校并无太大区别。[46] 老布什总统时期的教育部长助理和著名教育理论家狄安·拉维奇更进一步指出："在从 2003 年到 2009 年被称为'国家教育进展评估'（NAEP）的联邦考试中，特许学校从来没有超过公立学校很多。特许学校的黑人和拉丁裔学生的成绩也并不比公立学校的学生更好。"[47] 而且在很多方面，它们表现出过多的欺诈、腐化和犯罪行为。特许学校越来越多地剥削在学校工作的教师的劳动和专业。对于后者，约翰·富尼切洛（John Funiciello）指出："对工作时间长和缺乏就业安全感的特许学校教师进行的调查数据并没有得到讨论和分析，但是从范德堡大学一对研究者的研究中，我们可以发现一个线索：特许学校教师的离职率比传统学校教师高出132%。"[48]我们可以从新奥尔良一所特许学校创始人的声明了解到些许原因，此人对《皮卡云时报》（Times-Picayune）的记者说："他的学校创立于 2008 年，老师们的工资按每周工作 50 个小时来算，但是他们通常要工作 60 ~ 70 小时。他还说老师们都还没有结婚，也没有孩子。"[49]还有更糟糕的，拉维奇报道说："《费城问询者》（Philadelphia Inquirer）报道，至少四所特许学校因涉嫌任人唯亲、利益冲突和金融管理腐败而遭到联邦刑事调查。宾夕法尼亚州其他特许学校的管理者创建私人公司为学校出售商品和服务，或把亲属放在工资表中冒领工资。《费城问询者》发现一所特 **60** 许学校每年给该校首席执政官拥有的一家营利性公司支付数百万美元的租金、薪水和管理费。"[50]

　　邓肯是如此强烈地支持特许学校，以至于他不愿意承认特许学校的局限性，这里面的猫腻值得更多地谈一谈。比如把公立学校的公共资金和管理结构移交给私人投资者的缺陷，腐败和弄虚作假的证据越来越多，伴随着特许学校发展而出现的教师、学生和家长的痛苦越来越强烈。邓肯在这些议题上的沉默源于他愿意把这些学校当作企业，把管理者视为企业首席执行官，其工作类似于管理一家大公司。但这里的问题比奥巴马和邓肯支持教育改革更危险，这种改革表现了对公共价值观的极度不信任，不愿意把公立学校当成公共利益。同时还有一个更广泛的新自由主义工程因素，即把特许学校视为终结公立教育过程中的权宜之计，最后用公共资金资助的私人学校取而代之。虽然有些个人和群体鼓吹把特许学校作为巩固公立教育的尝试的组成部分，但他们往往没有认识到，一旦公立学校转变为特许学校，它们就很容易被关闭或被私立学校所取代。肯尼斯·萨尔曼在评论中很好地总结了这个过程：

　　　　公司式学校改革的目标是把公立学校变成全国性的私人产业，把公立学校变为私人管理的特许学校、教育券项目和为私立学校提供的奖学金税收补贴。特许学校没有工会、非营利、私人管理、签订短期合同，这种学校的大扩张只是中间步骤，接下来就是宣布失败，并被教育管理组织（EMOs）的营利性产业所替代，该组织通过削减教师工资和教育资源同时依靠教师的高更替率和临时工牟取暴利。[51]

我们从特许学校的坚定支持者查尔斯·默利（Charles Murray）最近的一篇评论中了解到这些担忧和促使他们这么做的政治工程。查尔斯·默利在《纽约时报》的文章中说，保守派不应该再基于更高的标准化考试成绩为特许学校辩护了。他说考试成绩并不说明什么，真正能为特许学校辩护的应该是"共同的父母算计"[52]。特许学校应该被作为更大运动的组成部分而得到认可，该运动旨在创建一些学校，用更传统的课程取代"国家其他公立学校使用的进步课程"[53]。现在越来越清楚的是，不认错的保守派为家长的"选择"辩护是与 1950 年代美国最高法院废除种族隔离的里程碑式裁定（布朗诉教育委员会案）相反的学校组织模式。默利支持特许学校、教育券和新自由主义教育改革包里的其他因素说明了这种分裂主义逻辑，它完全否认民主平等概念的意识形态，委身于所谓的"认知精英"，即一个排除了工人阶级和少数族裔的类别。除了支持特许学校之外，查尔斯·默利还支持白人天生的基因优越性。考虑到他是主张取消福利国家的社会政策设计师和种族主义的种族隔离模式的辩护者，支持教育券、特许学校和私有化的教育政策与他的宗派性学校观念相吻合也许并不令人感到奇怪。

但是，与将公立教育改造成公司的附属品或将阶级、肤色和种族上的少数人拒之门外的封闭机构相比，鼓吹特许学校的利害关系更大。美国社会的更大背景中也有各种渴望取消作为公共利益的公立学校的尝试，美国社会一直受到企业、宗教偏执狂和有钱有势者的支配和统治的系统性改造。[54]奥巴马政府推动的"教育改革"话语实际上掩盖了一场企图减少公立学校投资和取消福利国家的运动。虽然邓肯未必会支持新自由主义政策的终点，即摧毁具有公共性的一切；但他肯定发挥了推动性作用，认可这种新自由主义反公共意识形态的价值观并为之辩护。

教育灾难

　　尤其是最近一些年，人们一而再，再而三地注意到，在美国，智慧遭人憎恨，人们觉得它追求卓越、宣扬出类拔萃、挑战平等，几乎肯定是一种剥夺人们的共同纽带的东西。这种现象在教育界本身的表现令人印象深刻。美国教育在很多方面能够得到称赞，更不要说为之辩护了；但我相信我们的教育体系是世界上唯一一个最重要部分已经落入他人之手的体系，他们兴高采烈而又咄咄逼人地宣告对思想智慧的敌视态度，迫不及待地认同那些最没有智慧前途的孩子的立场。[55]

——理查德·霍夫斯塔特（Richard Hofstadter）

《美国人生活中的反智主义》

邓肯的教育政策的主要后果是对构成性教学文化、管理结构和民主价 *62* 值观的破坏，这些本来是教育年轻人进行批判性思考，拥抱民主公民价值观，愿意介入世界以便扩展和加深正义、平等和民主化的过程所必需的。邓肯以企业为基础的改革观念的第一个具体牺牲品不只包括学生生活在公正社会中所需的种种能力，甚至可以延伸到对可靠的民主来说绝对关键的那些因素——公民独立思考的能力、质疑权威的能力、批评性地参与令美国社会变得丰富多彩的多样性传统的能力。奥巴马和邓肯放弃了把教育作为国家最重要的资源之一来处理的责任，即教育年轻人关心公民政治和公共生活以便维持和改善民主机构。他们的教育改革努力中令人印象深刻的是想象力被严重忽略的程度。教育被视为与思考、阅读和联想没有任何关系的东西，被视为枯燥的死记硬背、空洞的操练和惩罚性的社会关系。但这似乎根本引不起当今政府的兴趣，人们不由得纳闷，政府对教育改革有一丝一毫的关心吗？加深或扩展学生想象力的任务或许是任何成功的课堂中最重要的教学法因素之一。培养学生积极参与和批判思考的教学法的关键特征之一就是培养出来的学生有能力打破常规的思考，反思塑造个人身份和与他人关系的塑造机制和基础。

第二个同样可怕的危害涉及那些教育和培养年轻人批判思维能力的人的技能和目的。继续推行布什/切尼政府的教育遗产，奥巴马和邓肯似乎有意要剥夺教师的自主性、体面的工作条件、权力和创造工具，教师正是依靠这些才能在课堂上进行有想象力的思考和行动的。培育教师的课堂自主性所需要的教学法条件被剥夺会不可避免地导致现有和未来教师的去技能化现象，教师越来越愚蠢。在邓肯的公司化世界，教师被贬为齿轮，被限制在讲授标准化课程、死记硬背和考试技巧上，唯一的目标是让学校"力争上游"。教师不再被视为关键的公共资源和思想资源，而被当成商品和低技能技师。他们的愿景不过是让学生接受：培训是教育唯一重要的因素，想象力是学习的敌人。

63　现政府并不满足于只是防止现有教师批判性地思考和创造性地行动。它想更进一步，攻击教育中批判性教学法的任何残余。事实上，似乎令其特别恐惧的是，那些批判教育模式可能创造出未来一代教师，他们不仅仅把自己的角色视为迫切拥抱去教师课程（teacher-proof lessons，即学生可以不要教师而进行自学的课程——译者注）并快乐地收集和评估实证性和可买卖的知识的公司无人机或乏味的会计师。教师的去政治化意味着确保他们没有机会接触到任何批判性理论、素养、教学法和知识。结果，保守派越来越多地开发出教师认证的其他途径，以便把教师教育局限在课堂授课技能、方法和技巧的狭隘范围之内。在此，师范教育被转变成了简单化的工具性培训。

在此改革模式下，教学首先被视为以公司为基础的管理问题，完全与主动性、经验、伦理、理论、历史和政治等问题无关。反智主义刺激和促成了完全按照工具性术语改造教育的企图，把教育的意义局限在狭隘的原始要求之内，如经济发展、购买和处理商品、标记身份认同、为消费主义逻辑支配所有人际和社会关系的生活辩护。[56] 这种动议对民主十分有害，因为它严重破坏了教育的人文关怀。不过，它们的确解释了缅因州文理学院最近为何非常无耻地宣传自己是"保证学生找到工作的学校"[57]。

奥巴马—邓肯改革运动的第三个受害者是那些因为阶级和种族而处于边缘化的学生。所有学生都越来越多地受制于那些引导他们接受公司价值观的课程，但这种教育只能为少数特定群体的学生提供合适的证书和机会。并非所有学生都来自有钱有名的特权阶层，事实上，很少学生能从这种教育中受益。那些因为阶级和种族而处于边缘化地位的学生往往遭遇惩罚性教学法的伤害，这种教学法让课程变得更愚蠢，迫使大部分贫穷白人、黑人和棕色学生屈服于严厉的纪律措施如零宽容政策。这种教学法也让教师受制于以考试成绩论英雄的评估措施，让学生受制于对信息的死记硬背和机械重复以便获得越来越重要的考试成绩。他们被误导成绩就是教育的目标。这些学生成为毁人产业的主要组成部分，常常被推到学校之外，之后迅速进入军队或监狱。虽然这样的教育对某些学生产生了很大影响，但的确对所有学生都造成了伤害，因为它很少教育学生能够辨认出文化中的反民主力量。这种教育不能为年轻人提供积极参与并批判性地投入和改变重要公共事务议程所需的知识和技能。邓肯喜欢描述其教育改革是伟大的民权运动遗产的组成部分。事实上，这种改革中的确有一种追求平等的冲动，但这种平等与民权无关，而更多地与标准化、一致性、培训和纪律控制等做法有关。最后，这种改革基本上把所有学生都纳入企业工厂价值观的范畴之内，斯坦利·阿罗诺维茨指出，这些工厂可能成为美国最专制的机构之一。[58]

在高利害考试的控制下，大部分年轻人生活于其中的社会现实被忽略，或被视为对经典知识的威胁。存在于学校之外并欣欣向荣的梦想、经验、文化、知识形式和素养模式要么被视为毫无价值的知识，要么被非常肤浅地关注，使得学校在这一代年轻人眼中变得越来越疏远和压抑。学生们发现自己的学校类似监狱，快乐、批判性学习和来自教育体验的有意义知识的任何残余被悉数剥夺，他们因为学习成绩不及格而备受指责。没有人提及学校当局和支持其权力的更大体制，更不会因为这些学生的命运而追究学校的责任。把学生当成消费者或更糟糕的东西并没有促成一种素养模式，使学生有能力参与一种质疑文化，用自己的眼光看待这个世界；相反，现行的企业教育模式及其当下对问责的需求促成了政治的、智慧的和社会的无知。学校曾经是能动性和学习之核心的自由城邦，如今却成了购物中心和监狱。

学生在重要考试中的成绩如今与金钱挂钩，这意味着有大量的公共资金被转移到出版商、考试机构和大型咨询公司。[59]这也意味着"富人居住的学区通过提高地方财产税，从家长那里寻求年度补助弥补州政府预算赤字等措施得到比应得份额更多的财政支持，这些措施无论是工薪族的高层还是低工资的职工都难以招架"[60]。这肯定是一种促进"争上游"的系统，但既非开始于同一条起跑线，也没有企图去创造公平的起跑线。除了社会不平等之外，企业腐败、教师的去技能化、公立教育和高等教育的公司化所造成的课程商业化和庸俗化，所有这些都是奥巴马和邓肯的改革运动的问题，它们最终将不可避免地把教育更进一步地推向远离民主政治和理想之处，因为它破坏了批判性的构成性文化，正是这种文化让人能够提出不同意见、开展对话和深入思考、推崇公共价值观和坚守民主承诺。由此，我们看到教育的真正危机，危机的紧迫性表现在下面这个事实上：当加州大学洛杉矶分校刚入校的大一新生在 2009 年接受调查时，78% 的人回应说他们的首要目标是成为有钱人，而在 1971 年支持该观点的学生只占 37%。[61]

1970 年代后期出现的不受限制的贪得无厌、超级个人主义和私有化文化已经对公民的技能和整整一代人的想象力造成了严重破坏，使民主本身的未来陷入危险之中。教育现在遭受民主赤字的痛苦而且变得越发糟糕。公立教育和高等教育的使命——以及教师在美国学校的角色和培养教师的师范学院——理应得到更好的待遇，而不是被迫去适应市场文化新环境。在那里，任何无法被量化、被衡量、被用来产生直接利润的东西都被视为无用的废物。教育在被剥夺了民主理想之后又被这种个人相互激烈竞争的文化所限制，私有化秩序被越来越多地置于所有公共机构的对立面，因为公共机构的社会基础是人类的团结。

从技术和限制教学法到批判教育学

教育改革的任何可靠概念都必须承认美国的公立教育现在遭遇到愿景、权力和教学法的种种危机。学校不再被视为民主的公共空间，而被视为文凭工厂、培训中心和管教所。显然，学校必须重新确认其作为培养学生成为全球民主公民的基础性机构的角色。教育的重要性不仅在于它教育学生成为劳动者，而且在于教育他们成为具有公民勇气、领导能力、社会责任和专业技能之人。这意味着，任何可靠的改革运动都必须认识到，教育的真正目的首先不是培训，而是为学生提供自我决定所需要的能力和对维持令人向往的民主的条件非常关键的动机。其次，真正的教育改革必须不仅处理教育的民主使命问题，而且要应对当今的财政危机。在财富和收入极端不平等的社会，学校也遭遇这种不平等，而且在贫困的弱势群体学 *66* 生生活中再生产这种不平等。由于基于财产税的不充分资金支持，学校让许多贫穷白人、棕色人种和黑人孩子考试不及格，同时却忽略了白纸黑字上写着的确保平等和卓越的诺言。在经济衰退过程中，遭到破坏和资金不足的公立学校体系的消极影响现在已经越过城市中心而进入郊区，甚至连富裕的郊区家长也开始从口袋中掏钱购买学校供应的东西，资助课外活动项目和聘请老师了。[62]美国学校现在若要处理阶级分裂、以种族为基础的差别、为学生提供民主社会中需要的智慧文化和实际技能的挑战，就不可能不纠正教育的资金支持方式。不用说，这不仅是经济议题而且是深刻的政治议题，并且直达问题的核心，即我们如何定义联邦预算、政府政策和优先选择，以及福利国家作为推动公共利益的根本机制的重要性。

教育改革的第三个因素是必须考虑教师作为知识分子的待遇和工作政策，即给予他们就工作条件进行协商的个人和集体权力，同时给予他们与专业地位和公共角色匹配的工资。教师在民主社会中非常重要，他们当前被严重贬低，工作量过于沉重，工资偏低，这些都造成了可靠民主社会所需要的教育条件和构成性文化的恶化。公司意识形态、价值观和管理做法蔑视教师、贬低教学和侮辱学生。

第四，认真考虑课堂学习是如何进行的，对于让学校、教书和学习在年轻人的生活中变得有意义、充满想象力、具有批判精神和改造能力来说非常重要。虽然已经列举了教育改革的三个要素，但是笔者想用一个评论作为总结，即如果教育改革要对民主发挥作用的话，就必须牢记把批判教育学纳入课堂教学的极端重要性。我们已经听过所谓教育改革家的很多谈话，关于获得平等机会、家长选择、私有化、教师质量、缩小班级规模等，但很少有人把教学法理论和实践议题作为辩论话题。

对阿恩·邓肯等保守派来说，教书常常被简单地视为使用一套策略传授现成的课程内容。在此背景下，教书变成了方法、技巧或技能实践的同

66

67 义词。在此方式中，教师的作用更像一个提供技巧百宝囊的职员，而不是具有批评精神的教师——愿意不仅仅提供"陈旧和明显的真理，只用来强化不言自明的常识和现有的权力关系"[63]。批判教育学拒绝那种把教学贬低为根本不考虑背景而只是执行一套现成技巧的观念；相反，批判教育学认为教育是关注能动性、历史和学生学习的具体背景的政治和道德工程。学习总是具有政治性的，因为它与能动性的形成和获得密切相关。为此，教学法从来不能被仅仅视为方法或无利益纠葛的实践，因为它总是有意无意地代表一种有意识的尝试，教育者要影响在特定社会关系体系下生产知识和主观性的方式和内容。[64]作为政治工程，批判教育学揭示了知识、权威、权力之间的关系，吸引人们关注谁控制知识、价值和技能生产条件的问题。批判教育学提出在课堂上呈现什么样的人生的问题，以及它是否能让学生成为独立的、自我决定的、有能力进行自我批评和社会批判的人。而且，它帮助我们理解在特定权力渠道内构建知识、身份和权威的方式，以及这种关系是中立的还是凸显了理想民主面对的挑战。

从伦理学上说，批判教育学强调理解课堂和其他教育场所真实发生的事情的重要性，通过提出如下问题：什么知识最值得学习？知道某些东西意味着什么？在特定教学法模式内能想象什么样的未来？批判教育学也严肃地看待我们作为个人和社会能动者如何学习和如何行动之间的重要关系。在此情况下，批判教育学关注的不仅是教育学生如何思考，而且是教育学生如何承担起个人和社会责任，即作为积极参与公共事务的公民的更大努力的一部分，为自己的行为负责意味着什么。积极参与公共事务的公民能够独自或集体地参与社会以便扩大和深化民主的公共生活的可能性。[65]根本没有所谓的无利益纠葛的教学法，也不应该有，因为不承担义务的教学法根本不可能存在。不是与被迫放弃权威一起放弃责任，批判教育学是将其作为持续进行的自我反思的对象和批判能力的来源来拥抱这种责任的。在此意义上，权威被用来为学生提供必要的教学法条件，使其能够直接面对自己的责任和必须做出的选择，以便承担起在处理人类痛

68 苦、灾难和可持续的未来中自己应该扮演的角色。在这个未来中，争取平等、理性、自由和正义的斗争永不停歇。批判教育学最雄心勃勃的目标是为教育者提供一种途径，塑造条件让学生能够批判性地思考、敢于冒险、

反思他们获得的知识与公民和社会责任等义务之间的联系。与此同时，批判教育学鼓励人们承认有效的学习不是像接受商品或现成方法一样被动地接受知识。教学法不仅仅是提供一些供消费的信息，即保罗·弗莱雷所说的灌输式教育（banking education），而是通过批判性对话、判断、论证和分析积极参与课堂知识生产。公立学校及其教学法不一定局限于学习如何考试和掌握旨在生产和使用经验数据的工具性方法。它们评估学生的方式可以有很多，如创造一些扰乱或激励的空间，让人看到常识中的问题，让知识变得有意义，挑战课堂内外的反民主倾向，让学生有力量了解周围世界并对它进行批判。教学法应该打破常规，鼓励学生自我反思，教导他们如何冒险，提高他们充满想象的思考能力。这种教学法能够通过写论文开题报告、做研究论文、共同课题研究，学习如何批判性、生产性地阅读和使用新媒体，以及把刚刚学到的东西不仅与切身环境联系起来，而且和远离自身经验的时空背景联系起来等评价学生。批判教育学这个通过变革性的个人和社会分析趋向社会正义的定位或许是它被邓肯及其许多支持者认为非常危险的原因之一。支持者之一就是纽约州教育厅前任厅长大卫·斯坦纳（David Steiner）。

邓肯及其追随者认为批判教育学危险也可能是因为它部分认识到教师在不同情境下塑造和干预角色的重要性。这些情境影响教学和与学生互动的条件。它们要求教师有能力发挥自主性、思想性和创造性来应对课堂互动。批判教育学对情境非常敏感，具体议题因而成为教学实践的中心。为此，它承认当前对课程、知识、教学和社会关系的标准化的强调对在故事、问题、历史和经验上各不相同的学生来说是不公平的。这些外部力量在不同文化、经济和政治背景下在课堂内运行，考虑到它们为教师呈现出的独特资源、见解和机会，完全忽略这些是没有道理的。此处的问题是避 69 免浪漫化或简单地表现这些经验却不进行任何批判。学生的视角提供了一些需要进一步确认、质疑或理解的见解——根据它们在扩展和加深学生参与和塑造世界所需的知识、技能和批评能力方面的优势及局限性。学生在这个世界中发现自己。

批判教育学开始于把学生理解为拥有巨大潜力的个人，他们是能批判、学习、充满想象力、见多识广的公民、工人和社会工作者。因此，学校被视为促成民主的主要资源，教师被当作在学术劳动前线负责教育年轻一代获得持久民主社会的理想、目标和实践的人而受到尊重。这是一种理应得到美国人尊重和捍卫的教育观，是试图阻止奥巴马和邓肯将公立教育和高等教育贬低为经济发展模式以及超级富豪和掠夺财产的大公司的利润之源的更大努力的一部分。年轻人理应得到更好的待遇，值得渴望的民主要求更多。奥巴马和邓肯应该努力推动这样一场教育改革运动，要拥抱公共价值观、民主理想和批判性教学，而不要牢牢抓住市场价值观和无生气的教学法，如标准化课程、私有化教育、特许学校和高利害的考试。

注释

[1] Stuart Hall, cited in Len Terry, "Traveling 'The Hard to Renewal': A Continuing Conversation with Stuart Hall," *Arena Journal* 8 (1997), p. 49.

[2] Isabelle Bruno and Christopher Newfield, "Can the Cognitariat Speak?" *E-Flux* 14 (March 2010), http://www.e-flux.com/journal/view/118.

[3] 论述特许学校运动的最好著作之一是 Danny Weil, *Charter School Movement: History, Politics, Economics and Effectiveness*, 2nd ed. (New York: Gray House, 2009)。也可参见他对特许学校抽走公立学校资金的批评: Danny Weil, "Neo-liberalism: The Leveraging of Charter Schools with Public and Private Funds," *Dissent Voice* (November 24, 2009), http://dissentvoice.org/2009/11/neo-liberalism-the-leveraging-of-charter-schools-with-public-and-private-funds。批评特许学校运动的另外一个来源是 Kenneth J. Saltman, "Urban School Decentralization and the Growth of 'Portfolio Districts'," *Great Lakes Center for Education Research and Practice* (East Lansing, MI: Great Lakes Center for Education Research and Practice, June 2010)。

[4] Tony Judt, *Ill Fares the Land*, p. 216.

[5] Kenneth J. Saltman, *Capitalizing on Disaster: Taking and Breaking Public Schools* (Boulder, CO: Paradigm, 2007).

[6] Michael Roth, "Education for a Democracy," *Tikkun* 9: 4 (July/August 1994), p. 51.

[7][8][9] Bill Moyers, "Interview with William K. Black," *Bill Moyers Journal* (April 23, 2010), http://www.pbs.org/moyers/journal/04232010/transcript4.html.

[10] 笔者的这个概念借自德里达，参见 Jacques Derrida, "Autommunity: Real

and Symbolic Suicides—A Dialogue with Jacques Derrida," *Philosophy in a Time of Terror: Dialogues with Jürgen Habermas and Jacques Derrida*, ed. Giovanna Borradori (Chicago: University of Chicago Press, 2004), pp. 85-136。

［11］Trip Gabriel, "Under Pressure, Teachers Tamper with Test Scores," *The New York Times* (June 10, 2010), p. A1.

［12］Associated Press, "North Carolina: No Test Points for Cash," *The New York Times* (November 12, 2009), p. A25. See also Lynn Bonner, "District Nixes Cash-for-Grades Fundraiser," *New Observer* (November 11, 2009), http://www. newobserver. com/2009/11/11/185460/district-nixes-cash-for-grades. html.

［13］Martha Nussbaum, "Being Human," *New Statesman* (June 2010), http:// www. newstatesman. com/print/201006010057.

［14］对这个问题的精彩评论，参见 Svi Shapiro, "Cash for Credits: Education in a Time of Hardship," *Tikkun* (in press)。

［15］John Maggio and Martin Smith, "College Inc. ," *Frontline* (transcript) (Boston: WGBH Educational Foundation, 2010), http://www. pbsl. org/wgbh/pages/frontline/collegeinc/etc/script. html.

［16］［17］［18］John Hechinger and John Lauerman, "Executives Collect $2 Billion Running U. S. For-Profit Colleges," *Bloomberg* (November 12, 2010), http://www. bloomberg. com/news/2010-11-10/executives-collect-2-billion-running-for-profit-colleges-on-tax-payer-dime. html.

［19］Tamar Lewin, "Report Finds Low Graduation Rates at For-Profit Colleges," *The New York Times* (November 24, 2010), p. A18.

［20］Mamie Lynch, Jennifer Engle, and Jose L. Cruz, *Subprime Opportunity: The Unfulfilled Promise of For-Profit Colleges and Universities* (Washington DC: The Education Trust, 2010), http://www. edtrust. org/sites/detrust. org/files/publications/files/Subprime_report. pdf.

［21］Maggio and Smith, "College Inc. "

［22］Faiz Shakir, Benjamin Armbruster, George Zornick, Zaid Jiliani, Alex Seitz-Wald, Pat Garofalo, and Tanya Somander, "Education For-Profits, Not Students," *Think Progress* (February 4, 2011), http://pr. thinkprogress. org/2011/02/pr20110204/index. html/mobile. html.

［23］Maggio and Smith, "College Inc. "

[24] [25] Cythia Dizikes, "A Lesson They Won't Forget: For-Profit School's Error Costs Students Certification," *Chicago Tribune* (June 22, 2010), http://www. chicagotribune. com/news/local/ct-met-for-profit-schools-20100622,0,7314951,print. story.

[26] Daniel Golden and John Hechinger, "For-Profit N. J. College Halts Recruiting of Homeless," *Businessweek* (May 5, 2010), http://www. businessweek. com/news/2010-05-05/for-profit-n-j-college-halts-recruiting-of-homeless-update1-. html.

71   [27] [28] Maggio and Smith, "College Inc."

[29] Cited in Andrea Fuller, "Duncan Says For-Profit Colleges Are Important to Obama's 2020 Goal," *Chronicle of Higher Education* (May 11, 2010), http://chronicle. com/article/Duncan-Says-For-Profit/65477/? sid = pm&utm_source = pm&utm_medium = en.

[30] Maggio and Smith, "College Inc."

[31] Golden and Hechinger, "For-Profit N. J. College".

[32] [33] Maggio and Smith, "College Inc."

[34] Faiz Shakir, Benjamin Armbruster, George Zornick, Zaid Jiliani, Alex Seitz-Wald, Pat Garofalo, and Tanya Somander, "Education For-Profits, Not Students".

[35] Zygmunt Bauman, *Living on Borrowed Time: Conversations with Citlali Rovirosa-Madrazo* (Cambridge: Polity, 2010), p. 20.

[36] Nancy Hass, "Scholarly Investments," *The New York Times* (December 6, 2009), p. ST1.

[37] Ibid. , p. ST10.

[38] Zach Carter, "Financial Reform Makes Headway; Jobs and Social Security in Jeopardy," *Truthout* (June 15, 2010), http://www. truthout. org/financial-reform-makes-headway-jobs-and-social-security-jeopardy60448.

[39] Hass, "Scholarly Investments," p. ST10.

[40] Andy Smarick, "The Turnround Fallacy," *Education Next* (Winter 2010), http://educationnext. org/the-turnround-fallacy/.

[41] David Harvey, *A Brief History of Neoliberalism* (New York: Oxford University Press, 2005), pp. 159-160.

[42] Kenneth J. Saltman, *Capitalizing on Disaster: Taking and Breaking Public Schools* (Boulder, CO: Paradigm, 2007).

[43] Diane Ravitch, quoted in Roger Bybee, "It's the Poverty, Stupid," *In These*

Times（August 25, 2010）, http://www. inthesetimes. org/article/6326/its_the_poverty_ stupid.

［44］Juan Gonzalez, "Albany Charter Cash Cow: Big Banks Making a Bundle on New Construction as Schools Bear the Cost," *New York Daily News*（May 7, 2010）. On- line at: http://www. nydailynews. com/ny_local/education/2010/05/07/2010-05-07_al- bany_charter_cash_cow_big_banks_making_a_bundle_on_new_construction_as_schools. ht- ml.

［45］该部分引自下面采访的记录：Amy Goodman, "Juan Gonalez: Big Banks Making a Bundle on New Construction as Schools Bear the Cost," *Democracy Now*!（May 7, 2010）, http://www. democracynow. org/2010/5/7/juan_gonalez_big_banks_making_a。

［46］Trip Gabriel, "Despite Push, Success at Charter School Is Mixed," *The New York Times*（May 1, 2010）, p. A1.

［47］Diane Ravitch, "Charter Schools Fail on Promise to Outperform Public Schools," *Collegiate Times*（March 16, 2010）, http://www. collegiatetimes. com/sto- ries/15196/charter-schools-fail-on-promise-to-outperform-public-schools. 她批判那些热 衷于"学校选择、考试驱使下的问责和结果竞争将极大提高学生成绩等信念"的 新教育改革者，参见 *The Death and Life of the Great American School System: How Tes- ting and Choice Are Undermining Education*（New York: Basic Books, 2010）。

［48］［49］John Funiciello, "Who Supports Public Education?" *The Black Commen- tator* 79（June 10, 2010）, http://www. blackcommentator. com/379/379_sa_public_ed- ucation. php.

［50］Ravitch, *Death and Life*, p. 134. 有关特许学校丑闻的清单，见 http:// charterschoolscandals. blogspot. com/。

［51］Kenneth J. Saltman, "Why Henry Giroux's Democratic Pedagogy Is Crucial for Confronting Failed Corporate School Reform: And How Liberals Are Making Things Worse," *Policy Futures in Education*（in press）.

［52］［53］Charles Murray, "Why Charter Schools Fail the Test," *The New York Times*（May 5, 2010）, p. A31.

［54］最近一些作者也谈及了这个问题，比如：Chris Hedges, *American Fascists: The Christian Right and the War on America*（New York: Free Press, 2006）; Henry A. Giroux, *Against the Terror of Neoliberalism: Politics Beyond the Age of Greed*（Boulder, CO: Paradigm, 2008）; and Sheldon S. Wolin, *Democracy Incorporated: Managed Democ-*

racy and the Specter of Inverted Totalitarianism (Princeton, NJ: Princeton University Press, 2008)。

[55] Richard Hofstadter, *Anti-Intellectualism in American Life* (New York: Vintage Books, 1963), p. 51.

[56] 对这个问题，鲍曼有精彩的论述，参见 Zygmunt Bauman, *Consuming Life* (London: Polity, 2007)。

[57] 凯特·泽尼克 (Kate Zernike) 引用了缅因州文理学院托马斯学院的案例，"该校在广告中宣称保证学生找到工作。如果他们在毕业六个月内不能找到专业对口的工作，则可以返回学校免费上课或者学院支付学生一年的学费贷款"。See Kate Zernike, "Making College 'Relevant'," *The New York Times* (January 3, 2010), p. ED16.

[58] Arnowitz, *Against Schooling*.

[59] 有关标准化考试争议的历史叙述，参见 Mark J. Garrison, *A Measure of Failure: The Political Origins of Standardized Testing* (Albany: SUNY Press, 2009)。有关标准化考试和新自由主义的关系的精彩评论，参见 David Hursh, *High Stakes Testing and the Decline of Teaching and Learning* (Lanham, MD: Rowman & Littlefield, 2008)。

[60] Arnowitz, *Against Schooling*.

[61] Zernike, "Making College 'Relevant'," p. ED16.

[62] Derrick Z. Jackson, "Public Education's Dire Straits," *Boston Globe* (June 12, 2010), http://www. boston. com/bostonglobe/editorial_opinon/oped/articles/2010/06/12/public_education_dire_straits/.

[63] Zygmunt Bauman, "Afterthought: On Writing Sociology," *Cultural Studies/Critical Methodologies* 2: 3 (2002), p. 361.

[64] See, especially, Paulo Freire, *Pedagogy of Freedom* (Lanham, MD: Rowman & Littlefield, 1999).

[65] 这些议题在下面的著作中谈到：Roger Simon, *Teaching Against the Grain* (Westport: Bergin & Garvey, 1992); Henry A. Giroux, *Theory and Resistance in Education*, 2nd ed. (Westport, CT: Bergin & Garvey, 2001); Joe Kincheloe, *Critical Pedagogy Primer* (New York: Peter Lang, 2008); and Deborah Britzman, *Novel Edcuation* (New York: Peter Lang, 2006)。

第五章　低能化的教师：以改革的名义攻击教育学院

　　就在奥巴马政府的教育改革运动越来越多地采用"自由市场"文化
的利益和价值观时，政治想象力贫乏的公立教育和高等教育毕业生根本没
有办法认识到不公不义的情况。正如笔者在本书中一直强调的那样，他们
不知不觉地陷入没有依托的个人主义观念中，这种观念切断了他们道德意
识和社会责任感的纽带，正是这些纽带维系了他们对他人或公共利益的责
任。而且，他们很快学会不把学校看作公共利益而是看作私人权利。与此
同时，以目前判定学校成功与否所依据的量化测量和工具性价值观来看，
这些学生的处境可以说岌岌可危，他们常常要么遭受严厉的纪律程序约束，
被学校开除或接受医疗干预，要么更糟糕，被推进刑事司法体系。[1]这些学生
中的大多数是贫穷白人和有色人种子弟，以及越来越多有特殊需要的孩子。

　　当然，对保守的学校政策的主观强调已经有几十年了。与这种趋势一
致，奥巴马政府在阿恩·邓肯领导下的教育政策缺乏民主视野或道德方向
感；因此，它不是消除而是再生产了这些问题。此外，这些政策可以追溯
到否认公民教育和学校是公共利益的第二次镀金时代的意识形态残余。不
是鼓吹教育改革和价值观的转变，摆脱以自我为中心的消费主义社会的缺
乏伦理的要求，即只能对商品、利润和"理性投资"诱惑作出反应；相
反，奥巴马和邓肯却在鼓吹把公民重新定义为股东、消费者、客户的同样
邪恶的价值观。同样，他们推动产生无知文化和道德冷漠并为之辩护的教
学法模式，这种文化与记者马特·泰比（Matt Taibbi）正确地称为"一个
贪婪得没有边界的世界"[2]密切相关。不是推广或者扩展"教育对国家的
民主影响力"[3]作为对导致全球经济衰退的腐败的回应，邓肯坚定地把美
国社会置于教育改革运动的影响之下，该运动与旨在培养能够积极参与和

管理民主社会的有知识的批判性公民的教育观格格不入。事实上，邓肯对学校改革的理解与支持社会公平和可持续社会的知识和教学法形式正好相反。

笔者在本书中一直在反复强调，邓肯的几乎所有政策都源于市场驱动下的企业文化模式，依靠测量、效率和功利的话语获得合法性。这是一种尊重风险基金经理甚于教师，尊重私有化甚于公共利益，尊重管理甚于领导，尊重培训甚于教育的话语。众所周知，邓肯支持新自由主义价值观，最明显的标志是他呼吁高利害考试、特许学校、校企联盟、与学生学习成绩挂钩的绩效工资、金钱奖励成绩好的学生、首席执行官式管理、取消终身教授制、将就业培训作为教育目的、削弱教师工会、把公立学校教育的失败完全归咎于教师等。[4]他支持解雇罗德岛中央瀑布高中的全体教师的事实就说明了他对公立学校教师和教师工会的蔑视。虽然教师和管理者需要为学生学业成绩不佳负责，但是也需要考虑许多其他因素，如家长的参与程度、学生的社会经济地位、为学生提供的支持性服务、学校的资金结构、学生母语不是英语时遭遇的挑战等等。中央瀑布高中的许多学生英语说不好，他们来自贫困家庭，课后还要打工，很少得到救助性服务，而且没有专业人士提供帮助。[5]奥巴马和邓肯之所以忽略所有这些因素是因为他们没有意识到学校承受的更大的社会经济压力，把很多学生置于与资源雄厚的中产阶级家庭的学生相比注定处于弱势的地位。

邓肯已经发表了好几场演讲，不仅攻击教育学院而且呼吁采取其他的教师认证途径。[6]他已经扩展了教育改革政策的范围，现在正试图重写课程大纲。通过强调实践和实验内容，他试图清除教育学院中讲授的理论、教学法和知识中的批判性本质，这应该是比教师被拒绝在课程设置上发表意见更严重的议题。我们需要认识到，这些措施将影响整整一代年轻人。这种大胆的倡议非常清晰地暴露了邓肯改革背后的政治动机和他对公立学校及天天上课的教师的恐惧。在邓肯看来，这些学院在过去几十年犯下的大罪就是过多地集中在理论探讨上，而不关注教学临床实践。他说的"理论"指的是批判教育学和其他理论，正是这些理论让未来的教师能将学校知识、实践和管理模式置于历史、社会、文化、经济和政治的更大背景之下。邓肯想让学院集中在"实践"方法上以便让教师准备好适应

"以结果为基础"的教育体系。这正是反智主义教学法的核心，从政治上说属于保守主义。这种教学法在创造一群数字计算器（会计师——译者注）方面非常有用，把教师贬低为标准化考试管理的监督者，仅此而已。把教学法贬低为教授方法和数据支持的成绩标志，据说这些能够衡量学生的学术潜力，提高学生的成绩——真是丢人至极。不是提供最好的手段去应对"美国政治经济不平等的可怕真相"，这种教学法反而制造了"把不平等归咎于成绩差的个人或群体"的骗局。[7]邓肯对实践的呼吁必须被理解为一种尝试，旨在抑制高质量的教育所要求的师生自我反思，与此同时为长期的道德麻木和逃避责任提供借口。

因为信奉实证性标准是解决教育问题的灵丹妙药，这些措施的鼓吹者不仅把复杂问题过分简单化了，更重要的是，这种技术治国论的议程也将更大的社会、政治和经济力量从教室中赶走，同时提供一种反智主义和一些伦理学上低劣的技术性和惩罚性解决办法用以应对学校和课堂问题。而 *76* 且，邓肯坚持取消教师教育中的理论内容，同时鼓吹添加狭隘定义的技术和实践，这其实是一种先兆，他要把教师作为相信教育的唯一目的是训练学生在全球经济竞争中取得成功的从属阶级。在此得到称赞的教学模式是教师被塑造成无须拥有公共视野的职员和技工，他们无须想象学校、教师和教学法在提供给年轻人的世界和未来中应该承担的民主角色和社会责任。哈佛大学现任校长德鲁·吉尔平·福斯特是正确的，她坚持"即使我们作为国家，支持教育作为经济增长和机会的关键因素，我们也依然应该牢记公立学校、学院和大学所具有的远不只是可测量的功利性价值。不同于世界上的其他任何机构，学校坚持长远观点和滋养能够超越当前局限性的批判性视角"[8]。

邓肯认为美国的1 450个教育学院和项目中的大部分工作还做得不够，这反映在如下这个事实：将近30%的学生辍学或不能按时毕业。他之所以为教育的替代途径辩护，是由于他所说的不久的将来随着老教师退休可能出现的教师短缺。在我看来，这第一个论证是没有前提的推理（non sequitor）。当然，促成学生辍学的因素可以有很多，有些人是比较世俗的——如改变职业道路，有些人则可能很可怜，因为他们缺乏继续读书的资金支持；但许多情况是源于破坏教育使命的更大社会力量，从学校资助上的巨大不平等到种族主义、极端贫困、不断蔓延的失业、重要社会福利的取消，以及越来越多地靠刑事司法手段进行学校管理，也就是在很多方面把年轻人的不良行为当作犯罪来处理。[9]更进一步，将教育置于批判性地理解这些力量的框架内的话语恰恰是邓肯竭力要从课程中清除的内容。在为师范教育改革辩护时，他说出了下面的话：

> 在我担任芝加哥公立学校首席执行官的七年里，以及我担任现职在全国的考察中，我与很多年轻教师进行了数百次的谈话。他们特别提到了培训的两个方面……首先，许多人说他们没有得到手把手教的实际课堂讲授训练，如需要掌握的课堂管理技能，尤其是对于需要特别对待的学生。其次，他们说没有学过如何使用数据区分和改进教学并促进学生学习。[10]

邓肯接着称赞路易斯安那的教育系统模式，该系统使用长期数据跟踪新教师的学生成绩变化。在邓肯看来，路易斯安那州是应如何重新定义学校的指明灯，即基本上作为数据收集和管理的场所。他提出的观念是，教师应该被培训成在此场所高效运作之人。具有讽刺意味或有点儿悲哀的是，邓肯在称赞路易斯安那学校系统时偏偏避而不谈该州学生的休学率和被开除率居全国最高的事实。《被推出去》（*Pushed Out*）报告显示：

> 路易斯安那的开除率是全国水平的5倍，每年将近16 000名初中和高中学生辍学，该州公立学校每年产生30万的休学学生。在州立重建学校行政管区直接指导的学校，休学率是全国水平的10倍之高，每年每4个学生中就有1个休学，是全州水平的2倍，是全国水平的4倍。应该说是现行州法律文本促成了这个现实，因为它允许校长以各种各样的微小违规违纪行为为理由勒令学生休学，包括"任性、不听话"，不尊重教职工，使用"粗俗的或亵渎神灵的语言"等。而且，过多使用严厉的纪律措施影响到路易斯安那的学生对待他人的态度。黑人学生占该州公立学校学生总数的44%，但休学和被开除的学生比例是68%和72.5%。在黑人学生和低收入学生比例更大的学区，休学率和开除率更高。这些学区往往拥有的资源更少，难以进行积极干预。[11]

邓肯与公立学校越来越公司化和军事化的共谋关系，尤其是在贫穷的有色人种少数族裔居住区的学校频繁使用惩罚、监督、控制、围堵等严厉措施，暴露出他不愿意处理许多学校面对的严重问题，它们已经被恐惧政治、围堵政治和专制独裁所支配，虽然他口口声声说教育改革是民权议题。[12]学校不仅仅是未来工人学习获得体面工作所需要的谋生技巧和能力的场所，玛莎·纳斯鲍姆（Martha Nussbaum）指出，学校还是公共利益的关键机构，"不仅对民主的健康发展而且对创造一种体面的世界文化和充满活力的全球公民文化"[13]非常重要。在此意义上，课程不仅仅是用来消费的知识，不能根据其功利性来评定价值的高低。课程应该扎根于人类创造出来的最好精华，旨在激发年轻人的想象力，赋予他们力量、正直、正义感和对未来的希望。布朗大学前校长范登·格利高里（Vartan Gregorian）坚持认为，"我们不可能在没有知识基础的情况下拥有民主……知识不仅意味着技术知识，你还需要拥有社会知识和世界知识……我们应该了解世界的其他地方"[14]。

78

当教育改革忽略了政治问题、批判性思考、创造性和想象力时，它就失去了为民主未来培养年轻人的根基，而使其进入糟糕的世界，那里唯一重要的价值是个人利益、不受限制的物质主义、经济增长和赢家通吃心态。影响学校各个方面的力量，如政治、经济、种族和社会等，需要被批判性地分析和重新表达出来，需要追求公平正义、人类发展、自由，以及平等机会。这些不仅仅是政治议题，而且也是教学法关心的内容，无论如何两者都不能区分开来，正如平等不能与卓越分开一样。纯粹用数学算式和统计公式等术语定义学校——如果达不到这些数字要求就惩罚学生和教师——说明邓肯根本没有一套语言来阐述学校是智慧参与的场所，教师是参与智慧活动的知识分子，他们协商、接纳、再生产，并有时候挑战强加在身上的常常反民主的各种力量。

如果学校越来越多地依靠模仿监狱的文化来管理，如笔者在拙著《怀疑社会的青年》（*Youth in a Suspect Society*）中所说，人们应该如何解释公立学校模式的发展呢？它可以告诉我们国家变革的什么呢？刑事司法系统的扩张越来越多地进入日常生活的方方面面，已经从课堂延伸到福利体系。在公共生活的各方面都遭受公司和市场力量的围攻之时，忽略学校愈演愈烈的公司化、私有化和军事化又意味着什么呢？当学校被以财富和权力的极端不平等为特征的社会秩序控制时，它们又如何实现民主的使命呢？"疯狂热衷方法论"的范式认为这些问题非常危险，因为它们相信提出这些问题的理论和教学法实践应该被排除在大学和教育项目之外。当然，在此情况下，我们已经和爱丽丝一起掉进兔子窝了。

这些问题邓肯没有丝毫的兴趣，主要原因是他热衷于工具性价值观和蔑视公立学校和公共价值的实证主义文化（culture of positivism）。当然，未来的教师即便没有多样的词汇和范式，至少也应该有观点，有理论模式79 以便理解当今影响学校、学生和政策环境的社会力量，这些影响学校和教学本身的力量常常在社会和经济因素差异很大的情况中发挥作用。邓肯对理论和批判性思考的攻击不仅根源于最变态的反智主义，而且与保守派和公司化教育改革运动密切相关。驱动这些运动的意识形态议题是一帮反公共的保守派基金会、政客、国会议员和主张私有化、痴迷于数字的知识分子塑造的。具有讽刺意味的是，这种支持教育改革的论证出现在取消管制和道德不诚实基本上被视为经济危机的部分原因的时期。

最为激烈的反公共知识分子之一是大卫·斯坦纳，此人的著作常常得到邓肯的称赞。斯坦纳坚定地支持特许学校[15]、教师认证的其他途径和数据驱动的教学方法。他再三反对理论课程，强烈支持"更多在职培训"。但是，斯坦纳不仅是个宣扬工具理性美德的反动实证主义者，更令人担忧的是，他还是个顽固的保守主义意识形态分子，旨在消灭未来教师接触思想议题的条件，使其难以获得有关教育、教学法和更广泛社会议题的进步观点或批判性观点。事实上，斯坦纳似乎讨厌任何理论，任何可能揭示开袋即食的教学法食谱的局限性的理论。无论是意识形态的、教学法的还是政治上的局限性，他都讨厌。他发表的若干公开评论显示，他对这样的观念感到恐惧，即实践在理论的直接或间接指导下进行，现有教师或未来教师把实践看作一个严肃的议题而积极参与。他对理论的恐惧或许源于理论有能力提出批判性问题，质疑构成教学法实践的权威形式、具体意识形态、价值观和利益等。这或许解释了他为什么强调应该向未来教师讲授众多乏味的技巧，如"什么时候进行眼神交流，什么时候直呼学生名字，什么时候等待学生给出完整答案"[16]。

在斯坦纳及其同僚看来，教学法完全是去政治化的。知识生产、身份认同、欲望和课堂内社会关系的意识形态本质都很方便地被埋藏在对技巧和方法的吁求背后，同时被顺便埋藏起来的还有教学法作为道德和政治实践的生产性特征。但是，斯坦纳支持去除了理论、历史、伦理、政治考虑的教学法，这种反乌托邦的和倒退性的观点所忽视的恰恰是这样一个现实，即人们不可能在课堂上把理论与实践对立起来，因为理论假设**总是**指导任何形式的课堂实践。在质疑教育学院是否提出了太多理论时，他并没 *80* 有看到这个问题。斯图亚特·霍尔在谈及理论时说，我们根本"不可能离开理论而生活"。理论是必不可少的，因为它让我们"改变放大的规模……闯入'现实'表面呈现的令人困惑的结构，找到进入内核的另一条道路。理论就像显微镜，只有在通过显微镜看到证据之后，你才能感受到背后的联系"[17]。实践、技巧和方法论并不会自己呈现出来，其背后总有基本原理。实践和目的除非都受到批判性审查，并接受具体理论框架和他们试图合理化的理论价值观的检验，否则就都没有意义。如果没有理论化，它们可能变成被人利用的工具，为占据支配地位的权威和教学模式服务。那种认定实践不一定服从于规范，或不一定受理论范式调和的预设是反智主义观点也是去政治化的观点。真正的问题是教师是否意识到理论框架和指导其工作的规范并对它们进行反思。至少，对理论问题的关注能够让他们更好地理解指导不同种类实践的伦理学价值观、意识形态和政治视野。

当然，斯坦纳聪明得很，不至于接受诸如理论是一种病态或是威胁而非宝贵资源的荒谬可笑观念。很难想象他会指责理论扮演的角色，如让教师能够反思社会的、文化的、心理的、政治的力量，这些力量不仅影响课堂知识，而且生产官方批准的叙述背后隐藏的意义结构。我们同样难以接受他的信念，即理论不可能为教师提供不仅能区分不同课堂实践形式而且能生产新实践形式的手段。理论让师生进行自我反思，培养更好的知识形式和课堂技能，并获得对教学情境的理解。事实上，这些教学情境已经成为理论斗争的组成部分，旨在论证课堂上哪种知识和实践更重要。如今，斯坦纳这样的改革者希望阻止教育者重新思考这些情境以便提高学生的学习能力。总而言之，理论创造种种可能性，让人能够反思教学的意义和效果，它是教师和学生的强大工具，用以形成对教学法空间的理解和审查，在此空间内，身份认同、价值观、社会关系与不同的权力形式相互作用。

81   斯坦纳把理论当作没有用途的抽象论述而抛弃的做法其实是对教学法的生产性本质的攻击，也是对为教师配备必要技能使其在课堂上成为自主行动者的攻击。正是对理论的拒绝阻碍了教师对当今得克萨斯州和亚利桑那州推行的不仅在道德上令人厌恶而且在理性上麻木呆滞的右翼政策作出反应。[18]与此同时，这种向方法和工具理性的反理论的后退不仅仅是从拥有政治和社会复杂性的世界中抽身而退，而且也背离了把公立学校当作民主学习和公民教学法的基础的认识，与它在道德和社会责任上的退却并无不同。尤其是在国家被泛滥的腐败、缺乏政治眼光和道德真空所困扰的时刻，采取这种立场极其危险和困难，因为此刻受到推崇的是偏执狂、大规模的剥削和危险的民族沙文主义。

    在对这种工具性的师范教育观的反对中需要特别强调的地方是，在此起作用的不仅仅是理论与实践关系上的分歧，还有出于意识形态动机的拒绝和否定：否定批判教育学，否定教育的公民意义，否定教师扮演的将学习与政治、权力和民主问题联系起来的角色。事实上，当我 2007 年在阿姆斯特丹参加欧洲人文主义思想库核心研究院的会议时，斯坦纳的立场在我看来变得水晶般清晰。在小组讨论会上，斯坦纳提出的一些教育观点即便不是反动的，至少也是非常保守的。当我问他教育作为公共利益的角色，即作为被更广泛的术语而非仅仅关注数据收集的范式来定义的机构时，他回答说："社会正义鼓吹仇恨，鼓吹对现有秩序的仇恨。"就像会议上的若干其他代表一样，我对这个回答既感到吃惊又感到压抑。斯坦纳的反应暴露了他有关实践的言论背后深藏的保守派政治秩序，与此同时也让我们明白了斯坦纳对全国教育改革的政策倾向为什么会得到阿恩·邓肯的热情支持。我只能假设斯坦纳蔑视社会正义工程背后隐含的真正目标是批判性思考本身。这样斯坦纳的套路落入对智慧复杂性的更广泛攻击形式，他认为智慧复杂性是一种否定主义，而那些批评现状的个人则被俗套地看作玩世不恭、愤世嫉俗和极端反美的家伙。把斯坦纳比作亚利桑那州排外思想严重的公立学校管理者汤姆·霍恩可能有些不公平，但他们使用

了类似的论证反对有思想的批判，为它贴上令人沮丧的标签，认为它根本 *82*
不值得在公立学校拥有一席之地，尤其是以伦理研究项目的形式。[19]这样
的论证不仅与开放的民主社会格格不入，而且从根本上说，是专制主义教
学法模式的组成部分，试图消除任何违反官方叙述的历史观。

邓肯和斯坦纳通过剥夺其政治的和伦理的参照物并将其改造成实用
方法和技巧的百宝囊将教学法客观化。他们两人都没有将作为政治和道德
话语的教学法的生产性本质理论化。他们没有考虑将教学法更好地理解为
塑造特定身份认同的斗争的宝贵价值。两人都避而不谈那些把教师能力归
结为将概念和实施联系起来的制度性条件。他们没有看到教育已经成为政
治干预形式，为教师提供教学法机会来为学生创造赋权和消权的潜在空
间，并批判性地审查教师的权威，探讨现有学术课程在维持针对教育目标
和实践的批判性对话中的局限性。邓肯和斯坦纳的教育言论很少划破教学
法复杂议题的表面，总是这些议题碰巧被排除在外，目标是把教育贬低为
内容传授，把教学法工具化到无关紧要的程度。

教学法从来不是无辜的。但是，教育者要将其理解为道德和政治实
践，并发现其中存在的问题，就必须批判性地质疑，必须在教学内容和方
法上融入自己的主观参与。他们必须抗拒那些将教学法变成对标准化实践
方法和技巧的单纯应用的呼吁，不然的话，教师对其权威和实践的伦理学
和政治维度就会漠不关心。任何教学法都有某种理论背景，这是根本没有
办法逃避的东西，正如我们根本不可能认为学校是中立性机构一样，我们
无法忽略强加在教育和课堂实践的各个方面的规范性影响，无论是社会规
范，还是伦理规范、政治规范。事实上，人们可以合理地认为在学校学得
的大部分内容是通过隐性课程实现的，特定形式的知识、文化、价值观和
欲望被传授，但从来没有被公开谈论或明确表示出来。下面的事实就足以
说明这个问题：学校越来越多地成为权力管道的组成部分，囚犯源源不断
地被从学校到监狱的管道生产出来。人们可能很难找到一个教育者声称其
学校参与了这种恶性循环过程，但这种实践的惊人现实每天都发生在贫穷
少数族裔孩子身上，这是学校教育的隐性课程的组成部分。[20]

邓肯和斯坦纳支持的数据驱动的教学的缺陷在于完全没有考虑学校 *83*
复杂和矛盾的角色，即要么扩大要么封闭学生参与更大民主文化的可能

性。邓肯和斯坦纳也没有表达出对权力运行方式的任何兴趣，即探索权力是如何在特定文本、社会实践和组织结构中通过赋权和压制等形式产生差别的。考虑到这些疏漏，他们很少谈及教育的支配性文化如何在完全不同的学习条件下驱逐因阶级和种族而被边缘化的学生并为这种做法辩护也就不足为奇了。他们也没有说需要什么样的意识形态条件和制度性条件才能为教师提供机会使其发挥批判性公共知识分子的作用而不仅仅是机器人似的数据提取者。把建立在实证基础上的课堂实践观点变成对这种实践以及实证性知识本身局限性的探索到底意味着什么呢？在此问题上，邓肯和斯坦纳似乎无话可说。

实践本身很少告诉我们它总是受到理论、历史和社会范畴的种种制约，正是通过这些范畴实践才被置于框架中并让人感受到。教育实践之所以有意义不仅仅是因为被仿效，而且就像其他知识一样被反思、批判性地协商沟通和认真参与。我认为邓肯和斯坦纳对理论和批判教育学的敌视并非在于它们存在于不同教育项目和教育学院，而是因为某些种类的理论和教学法实践可能提出一些问题，这些问题与右翼支持的企业精英学校改革观格格不入。否则如何解释《纽约时报》报道的斯坦纳的可笑命题："教育学院为什么仍然花费大量课堂时间论述相关抽象观念如'学校在民主中的角色'和'学校存在是要将社会等级关系永久化的观念'等"？[21]显而易见，斯坦纳看不起未来教师依靠政治、社会、经济等更大范畴来分析学校和教学法本身的作用的想法。教师和学生把公立教育和高等教育视为创造批判性公民及学习和捍卫民主价值观、身份认同和社会关系的可靠空间的关键力量，对此，斯坦纳深感恐惧和不安，这足以说明他本人的政治观的本质以及对公共价值观的蔑视。

人们不会感到奇怪的是，斯坦纳的上台是新保守主义运动促成的结果，这得益于他2005年发表的一篇文章。他在文中分析了16家名牌教育学院基础课程的大纲后得出结论：既然这些课程要求阅读这么多进步作家的著作，这些教育项目肯定受到左翼意识形态的支配和控制。[22]课程大纲根本没有告诉我们教师和学生是如何解释这些书的——当然，在斯坦纳的世界里，教师根本就没有讨论、解释和批判课程内容的能力。不用说，这种以意识形态为基础的研究开始于一个前提，然后寻找证据来支持它。真正的现实却是包括笔者在内的左翼教授在教育界长期以来被错误地剥夺终身教授岗位的历史。[23]控制这些教育学院的部门——教育行政机构、领导、政策和心理——往往是校园中最强大和最保守的部门。在很多情况下，其注意力高度集中在教学方法上，为此他们当然应该遭到批判。不幸的是，斯坦纳忽略了现状，将其视野置于"改革"框架之内，同时却简单放大了已经困扰师范学院的问题。斯坦纳声称自己的评论不偏不倚，这种说法就像他的研究一样口是心非。斯坦纳的教育观中缺乏的恰恰是一些最关键的问题：除了学习方法、参加考试、使用数据、赞美技术性的理性模式之外，还有什么更重要？年轻人需要什么样的教育才能成为学会如何管理的知情公民而不仅仅是被管理对象？什么样的教育将创造一代年轻人，他们愿意积极参与争取理想和社会关系的斗争，坚定地捍卫能够提供社会正义和实质民主的前景？

在美国，创造批判性公民和充满活力的民主所需要的构成性教育文化遭到猛烈攻击。邓肯对公立学校、教师和教育学院的攻击是最明显不过的例子。新自由主义强调个人竞争、私有财产和不受约束的自我利益，这些观点在当今任何对鼓励批评、批判性对话和思想深刻的交流的教学法的贬低中都找到了对应的内容。批判性对话和思想交流是任何可靠的课堂教学法都不可或缺的核心因素。任何旨在消除学校中的批判实践或使其从属于贫瘠的工具理性形式的呼吁都是为封闭和专制的社会秩序服务的帮凶，对开放和民主的社会有害无益。[24]充满活力的民主离不开理性、社会关系和机构组织，而扩展和改善这些需要学生具备知识和想象力。考虑到公立学校教师在为学生提供这些必要内容方面的极端重要性，我们必须坚定地抛弃和拒绝奥巴马和邓肯的教育改革观点。

注释

[1] 更多细节可参见拙著 Henry A. Giroux, *Youth in a Suspect Society* (New York: *85* Palgrave Macmillan, 2009)。

[2] Matt Taibbi, "The Lunatics Who Made a Religion out of Greed and Wrecked the Economy," *AlterNet* (April 26, 2010), http://www.alternet.org/story/1446611/taibi:_the_lunatics_who_made_a_religion_out_of_greed_and_wrecked_the_economy.

［3］ Gene R. Nichol, "Public Universities at Risk Abandoning Their Mission," *Chronicle of Higher Education* (October 31, 2008), http://chronicle. com/weekly/v54/i30/30a02302. htm.

［4］有关教育私有化中作弊泛滥的讨论，可参见肯尼斯·萨尔曼对管理公立学校的最大的营利性公司的揭露：Kenneth J. Saltman, *The Edison Schools: Corporate Schooling and the Assault on Public Education* (New York: Routledge, 2005)。没有可靠的证据支持这种观点，即为学生在标准化考试中成绩优异的老师提金钱奖励会让他们成为更好的老师。实际上，考虑到德克萨斯和其他地方出现的各种丑闻，有老师提供虚假的成绩，有老师更改考试结果等，显然该做法实际上促成了腐败的发生。

［5］这些老师现在通过新的聘用程序而重新上岗。See Tatiana Pina, "What It Takes: Central Falls High School Parents Make Sure Their Children Succeed," *Providence Journal* (May 16, 2010), http://www. projo. com/education/content/central_fall_parents_05_16_10_2LI9TIQ_v208ddf750. html#.

［6］比如，参见 "A Call to Teaching: Secretary Arne Duncan's Remarks at the Rotunda at the University of Virginia," *ED. gov* (October 9, 2009), http://www2. ed. gov/news/speeches/2009/10/10092009. html/。See also Talk of the Nation with Neal Conan, "Duncan Prescribes Drastic Measures for Schools," *National Public Radio* (April 19, 2010), http://www. npr. org/templates/story/story. php? storyId = 12611829.

［7］David H. Price, "Outcome-Based Tyranny: Teaching Compliance while Testing Like a State," *Anthropological Quarterly* 76: 4 (Autumn 2003), p. 717.

［8］Drew Gilpin Faust, "The University's Crisis of Purpose," *The New York Times* (September 6, 2009), http://nytimes. com/2009/09/06/books/review/Faust-t. html.

［9］See Henry A. Giroux, *Youth in a Suspect Society* (New York: Palgrave Macmillan, 2009); Christopher Robbins, *Expelling Hope: The Assault on Youth and the Militarization of Schooling* (Albany: SUNY Press, 2008); and Kenneth Saltman and David Gabbard, eds., *Education as Enforcement: The Militarization and Corporatization of Schools*, 2nd ed. (New York: Routledge, 2010).

［10］ "Teacher Preparation: Reforming the Uncertain Profession-Remarks of Secretary Arne Duncan at Teachers College, Columbia University," *ED. gov* (October 22, 2009), http://www. 2. ed. gov/news/speeches/2009/10/10222009. html.

［11］Elizabeth Sullivan and Damekia Morgan, *Pushed Out: Harsh Discipline in Louisiana Schools Denies the Right to Education* (Louisiana: National Economic and Social

Rights Initiative, 2010), http://www. nesri. org/fact _ sheets _ pubs/Pushed _ Out _ Report. pdf.

［12］Andy Kroll, "Will Public Education Be Militarized?" *Mother Jones* (January   *86* 19, 2009), http://www. motherjones. com/commentary/tomdispatch/2009/01/will-public-edcuation-be-militarized. html.

［13］Martha C. Nussbaum, "Education for Profit, Education for Freedom," *Liberal Education* (Summer 2009), p. 6. 纳斯鲍姆在 *Not For Profit: Why Democracy Needs The Humanities* (New Jersey: Princeton University Press, 2010) 中继续了这项工作。不幸的是，该书阐述了一种被剥夺了学术研究的历史，忽略了左翼学者的全部著作，而这些学者常常精彩地分析了过去 30 年高等教育面临的、现在仍然存在的企业化威胁。而且，她完全忽略了国家安全委员会和情报机构以及右翼意识形态分子和保守派智库带来的越来越大的威胁。确实，她的教学法在核心上是人文主义的，更多关心想象力的培养和意识的改变，而不是改造机构和影响机构的财富权力的极大不平等。历史、斗争、物质资源和新自由主义作为支配性社会构造都是该书缺乏讨论的议题。对这种高等教育解读的挑战，参见拙著 *University in Chains: Confronting the Military-Industrial-Academic Complex* (New Boulder: Paradigm, 1997)。Also see Ellen Schrecker, *The Lost Soul of Education* (New York: The New Press, 2011).

［14］Bill Moyer's interview with Gregorian, *Bill Moyers Journal: PBS*, January 30, 2009, http://www. pbs. org/moyers/journal/01302009/transcript2. html.

［15］有关特许学校运动的最精彩著作之一是 Danny Weil, *Charter School Movement: History, Politics, Policies, Economics and Effectiveness*, 2nd ed. (New York: Gray House Publishing, 2009)。

［16］Lisa W. Foderaro, "Alternate Path for Teachers Gains Ground," *The New York Times* (April 18, 2010), p. A19.

［17］Stuart Hall and Les Back, "In Conversation: At Home and Not at Home," *Cultural Studies* 23: 4 (July 2009), pp. 664-665.

［18］比如，Amanda Paulson, "Texas Textbook War: 'Slavery' or 'Atlantic Triangular Trade'?" *Truthout. org* (May 20, 2010), http://www. truthout. org/texas-textbook-war59680。See also Amy Goodman, "Arizona Bans Ethic Studies," *Democracy Now!* (May 14, 2010), http://www. democracynow. org/2010/5/14/arizona_students_protest_new_law_banning.

［19］霍恩的无知充分体现在他在《安德森·库伯秀》(*Anderson Cooper Show*)

里与迈克尔·戴森（Miachael Dyson）的辩论中。See http://www.cnn.com/video/data/2.0/video/bestoftv/2010/05/12/ac.ethics.study.ban.cnn.html.

[20] 托尼·潘恩纳（Tony Penna）和我 30 年前就曾经写过隐性课程的问题。See Henry A. Giroux and Tony Penna, "Social Relations in the Classroom: The Dialectics of the Hidden Curriculum," *Edcentric* (Spring 1977), pp.39-47. 笔者就从学校到监狱的管道这个问题写过几本书，比如 Henry A. Giroux, *The Abandoned Generation* (New York: Palgrave, 2004)。

[21] Foderaro, "Alternate Path," p. A1.

[22] 他与苏珊·罗森（Susan Rozen）合著的文章被收入 Frederick Hess, Andrew Rotherham, Kate Walshe, eds., *A Qualified Teacher in Every Classroom* (New York: American Enterprise Institute, 2004)。他的辩护文章发表在保守派教育杂志《接下来的教育》。See David Steiner, "Skewed Perspective," *Education Next* 5: 1 (Winter 2005), http://educationnext.org/skewedperspective/.

[23] 高等教育中左翼教授被开除、被拒绝教授岗位或者被骚扰的历史，参见 Ellen Schrecker, *The Lost Soul of Higher Education* (New York: The New Press, 2010)。

[24] 这种论证的自由派版本出现在斯坦利·费希（Stanley Fish）的文章中：Stanley Fish, "Arizona: The Gift that Keeps on Going," *The New York Times* (May 17, 2010), http://opinionator.blogs.nytimes.com/2010/05/17/arizona-the-gift-that-keeps-on-giving/? hp。费希对课堂能够被政治和权力击中的观点感到厌恶，他认为任何此类建议或把自己描述为道德和政治实践的教学法事实上就是一种思想灌输。费希在对批判教育学工程的稀里糊涂的理解中一再忽略的是，他没有意识到教育总是塑造学生的知识、价值观、能力和身份认同的有意尝试。批判教育学工程的决定性特征不是被贬低为一种道德说教形式，错误地支持灌输，而是拒绝任何形式的教学法，只要它没有认识到指导其理论、实践和社会化模式的政治性和价值观。承认这种工程和权力机制的存在并不等于用教学法来灌输学生。相反，这种力量在课程设置和课堂中如何发挥作用的问题应该被视为一种理论资源，它能够防止这些力量被转变成为一种要求学生闭嘴并破坏批判性学习的任何残余的教学法恐怖主义。教学法如何摆脱政治学、政策、经济学、不平等和塑造更大的社会世界的其他力量的压力呢？不用说，教学法总是具有政治性的，因为权力被它用来塑造课堂身份认同、欲望、社会关系等各种因素，但是这与灌输行为并不相同。费希的去政治化观点是如此彻底以至于根本无法作出这种区分，他甚至不承认他使用报刊专栏作为讲坛和大众媒体权力宣传自己的政治观点的事实，即无论在课堂上还是在更大的公共空间里

宣扬去政治化的好处。他对批判教育学的意义和角色的了解如此混乱，以至于竟然在《纽约时报》个人评论专栏中胡说亚利桑那州图森市的种族主义者和狂妄无知的管理者汤姆·霍恩不过是提出了与保罗·弗莱雷的批判教育学相对的右翼版本的批判教育学。显然，霍恩和弗莱雷的共同点是他们都将课堂政治化。这样相提并论不仅是理论上的牵强附会而且是纯粹无知的表现，而且，这种论证模式是右翼的茶叶党极端分子屡试不爽的推理模式。

第六章 企业文化和公立教育的死亡：布隆伯格市长、大卫·斯坦纳和企业"领导力"政治

政客、反公共知识分子、保守倾向的媒体专家不再询问民主社会需要什么样的教育。他们也不看重教导教师和学生掌握批判性思考、参与有意义的对话和作为知识生产者而不是知识传播对象发挥作用等价值。考虑到2008年经济危机以来的灾难性状况，人们可能感到好奇的是，推动教育新改革运动的领袖为什么偏偏是风险基金经理、亿万富翁、常青藤官员、企业高管这帮肇事者。在这些家伙看来，教育基本上是"把企业战略和纪律运用在公立学校之上"[1]。教育已经变成了美元投资的新前沿，很有可能成为下一拨即将破裂的大泡沫。提议的改革对实际教育实践即全国的课堂教学意味着什么？教育理论曾经提供了一些哲学原则，这些原则指导人们认识到功能完备的受过良好教育的公民意味着什么，意识到受教育的公民应该渴望建造什么样的社会。但如今，教育理论已经被剥夺了批判和解放的任何可能性。在对教育问责和革新的最新一拨要求中，教学法已经被简化为一种管理和纪律过程，基本受到市场价值观、粗糙的实证主义、
赌场资本主义意识形态的驱使，无情地把经济利益凌驾于人的需要之上。新自由主义的教育改革者用经济学术语论证合理性，把教育变成创造政治上顺从和技术上熟练的劳动力的主要力量，同时忽略让学生能够独立思考和履行伦理职责的教学法条件。独立思考能力的培养本来是满足民主政治需要的更大工程的组成部分，而从这种反公立教育模式中产生的是沃尔玛教育途径，其中学生被视为劳动力的廉价供应，教育的价值仅仅在于它能培养"更好的劳动大军"[2]。

新的企业教育模式及其太过明显的逃避社会和道德责任的证据体现在前委员会成员大卫·斯坦纳提名凯瑟琳·P·布莱克（Cathleen

P. Black）作为纽约市公立学校教育局长这件事上。这位曾任赫斯特报系
女总裁的布莱克是完全不合格的人选。任命一位很少参与公共服务也没有
任何像样的教育经历的人来领导美国最大的公立教育系统，主导 110 万公
立学校学生的命运，这自然引起了民众极大的愤怒并在主流媒体上产生了
强烈反响。在某种程度上，抗议集中于市长迈克尔·布隆伯格的专制统
治。与其企业价值观相吻合，此次任命再次展示了他对鼓励公共对话、价
值和社区参与的管理观念的蔑视。布隆伯格不仅将其大批支持者塞进教育
委员会，而且在有人对其政策提出不同意见时，只是简单地将这些人解职
了事。在批评者看来，布隆伯格是精英主义者和专制主义者，尤其是在地
位受到挑战时完全听不进任何不同意见。当然，纽约市长的这种性格特征
一直因为高度秘密的行事方式而得到强化，就是在此情况下，他赋予了布
莱克女士领导教育界的重任。他选择布莱克女士的专制本性和轻率莽撞可
以在这位女士的评论中找到回应，她说："这个职位是左派送来的"[3]。
当然，在接受这个职位时，她重新作出了一种扭曲的假设，即"学校体
系的确需要聪明能干的管理者"[4]。甚至极端保守的美国企业研究所（绝
非公立教育的朋友）的教育政策研究主任也对官方任命布莱克女士的说
辞感到困惑，并说如果认为布莱克女士成为纽约市学校系统的领导者的唯
一要求是她曾经担任过企业的首席执行官，并认为"所有首席执行官都
拥有领导该庞大组织的技能"，那布隆伯格也未免太过天真了。[5]

就在公众对布隆伯格的任命爆发愤怒的抗议之时，包括《纽约时报》 *90*
编辑部在内的若干群体认为，一种可能的妥协是任命一位专业教育者作为
首席学术官员，充当布莱克女士的顾问。有权力坚持为布莱克女士提供代
理导师的唯一人选是大卫·斯坦纳，媒体报道的焦点因而转向此人。按照
拥有 73 年历史的法律，斯坦纳有权阻止布莱克女士的任职，尤其是考虑
到布莱克女士没有高等学位或任何教育方面的资格证书这一事实，他可以
否认她的学区领袖资格。换句话说，非教育家担任控制纽约市学校系统的
领导职位的唯一办法是斯坦纳发表弃权声明书，事实上默许不合格的候选
人来领导纽约市学校系统。斯坦纳也有权给她在某些条件限制下的弃权声
明书，条件之一就是由专业教育人士充当副手。只有得到弃权声明书，布
莱克女士才有可能担任学校系统领导者的角色，因为她根本没有坐在这个

职位上所必须拥有的技能、资历和教育经验。

当然，的确忠实于其企业意识形态，斯坦纳先生最终给予了布莱克女士任职所需的弃权声明书，附加条件是她身边必须有首席学术官员辅佐。在同意提供弃权声明书时，斯坦纳写道："虽然布莱克女士缺乏第一手的教育经验，但我发现她成功领导复杂机构的优秀记录和事业上的杰出成就足以使她获得任职资格。"[6]在此，斯坦纳将协商逻辑和良好判断扭曲到了令人难以置信的荒唐程度。企业经营上的成功如何证明她有资格管理美国最大的学校体系呢？如果她因为该经验而有资格的话，为什么还要设定她担任此职的条件，即指派一位有经验的教育家作为她的私人导师担任副局长？这个条件本身就很清楚地说明了她担任这个职务不够格。更不用说，斯坦纳作出这个决定后，市长布隆伯格清楚表明了这种错误认识与和解姿态是多么无关紧要，他说："总要有人负责，这是毫无疑问的。"[7]几天之内，布莱克女士之所以被布隆伯格选中的理由就大白于天下了。在《纽约时报》的采访中，她要求批评家给她一个机会，但她非常明确地说她将继续推动前任乔·克莱恩（Joe Klein）局长提出的惩罚性新自由主义政策。布莱克女士说，她"计划继续克莱恩加强教师评估的稳健性的努力，重新考虑终身教授岗位的政策，并试图改变只由资历工龄决定下岗与否的法律"[8]。在另一次接受《纽约每日新闻》编辑部和纽约电视台（WABC News）采访时，布莱克女士清楚说明她只有一个议程，即取消终身教职和废除用资历工龄作为决定下岗的因素的做法。[9]换句话说，她将使用让华盛顿特区引起争议的教育局长、新自由主义明星教育领袖米歇尔·李名声大噪的冷酷无情的野蛮政策。简单地说，布莱克女士似乎已准备好废除教师的终身教职，根本不考虑资历以及它所提供的工作保障，继续推行高利害考试的教学模式，将教师评估与赤裸裸的实证评价结合起来，关闭表现不佳的学校，鼓吹开办特许学校。这种教育改革观念消除了所有对教师、学生和社会来说非常重要的东西，即旨在把教育确立为民主社会的重要公共空间。

布隆伯格身上这种愚蠢的专制主义促成了一种致命的无知，根本就不晓得教育领导力是什么。这种无知也是自由市场意识形态的主要组成部分，该意识形态认为所有社会、经济、教育、政治问题都能够通过企业文化模板解决，而这种文化越来越明显的特征体现在自上而下的管理、不受约束的金融冒险、对民主协商模式充满蔑视、对工会和教师的权利充满仇恨、对所有公共产品不屑一顾、逃避社会和道德责任。但是，这里的真正问题并非布莱克女士被任命担任她缺乏任职资格的令人尴尬的职务；相反，这里最重要的问题是公司权力和企业文化，以及富有的精英，他们不仅蔑视公共教育而且对批判性思考、参与性公民和民主生活本身必不可少的教育条件构成严重的威胁。难怪布莱克女士在上任仅仅三个月后就被要求辞职下台。不仅因为她成了布隆伯格市长的公共关系灾难——常常在市政厅会议上遭到诘问和喝倒彩——而且由于她担任教育局长的大部分时间似乎都是在接受实际了解教育理论、政策和实践的内行的指导。

　　这里有两个需要吸取的教训：一个是具有高超企业技能的教育外行也能成为制定教育政策指导教育实践的最合格人选的错误观念，另一个是我们需要任命愿意奋起迎战私有领域的狂热和权力的教育领袖。斯坦纳的轻率鲁莽就很能说明问题。当局势越来越明朗，即他有权力改变布隆伯格市长对布莱克女士的任命时，《纽约时报》刊登了一篇头版新闻，把斯坦纳描述为思想深邃、情感丰富的牛津毕业生，因为这个任职决定而彻夜难眠。《纽约时报》是这样报道的："他一直睡不着觉，盯着公寓里伦勃朗 92 的画作'冥想中的哲学家'，从聆听舒伯特的钢琴曲中稍许获得一些安慰。"[10]斯坦纳不仅被描述为受到良好教育、热心古典文化的高雅之士，至少敢于暂时勇敢地阻止市长布隆伯格任命布莱克女士担任教育局长的企图，而且是个感情细腻的知识分子，其良好的教育背景和常青藤院校的出身使其能够作出适当的选择。在此，背后的政治逻辑是这样的：受过良好教育的精英即使被有钱有势者收买了，最后仍然能作出负责任的决策。这是为百万或亿万富翁推动的慈善文化辩护的老掉牙的说法，正是这种文化发起了针对公立教育和高等教育的战争。在仁慈的权力掮客的叙述中，野蛮的不是企业精英而是教师，是成群结队的所谓市侩——他们组成了教师工会，每天在课堂上都要面对积极投入的学生越来越多的挑战。企业精英俨然成为国家的精华和最聪明者，报道就是这样写的，然而这些精英带给我们的是从越南到阿富汗的一连串战争，同时还有从安然公司到当今金融危机等各种丑闻。报道称这些人受到良好的教育，他们文明优雅，绝对不会腐败、贪婪、在政治上受到挑战或为大公司赤裸裸的利益服务。这种叙述脚本一方面与明星文化的平庸琐屑竞争高下，另一方面却对精英分子所谓优越教育观、政治观和道德观的真实面目不置一词。有钱有势者高深想象力的巨大威力可以防止他们变成狭隘的、怯懦的、野蛮的、迫切卖身投靠权贵的人。这种叙述很少谈及精英实际接受的教育的缺陷，也很少承认纳粹领袖、柬埔寨的杀人魔王波尔布特（Pol Pot）和其他谩骂民主的人同样欣赏"伟大"的著作和艺术品，但这并不妨碍他们犯下令人恐怖的反人类罪行。[11]

拜倒在企业精英脚下巴结献媚的这种意识形态的另一面是，它强化了大众文化和民众心态中的观念，即工人阶级与在种种风险和脆弱性困扰中工作的其他边缘群体既无法承担社会责任也被剥夺了文化资源。这些社会弱势群体因为其扭曲的生活方式而备受指责，似乎其可怜处境完全是咎由自取，自己的选择当然要由自己接受惩罚。这是通过加里·莫尼（Gerry Mooney）和林恩·汉考克（Lynn Hancock）所称的"贫困色情"（poverty porn）再生产的一种道德法西斯主义，这种话语和这套代表系统把贫困和穷人的体验当作嘲笑的对象，当作病态、娱乐和风景。[12] 我要说的是，一个人真正的道德高尚性相与其阶级地位没有任何关系，而是通过他如何处理与权力、爱心、同情心、公共价值观等的关系而表现出来的；它也根源于此人在涉及公平、社会正义、平等和公共利益等的重大议题上作出的决策及其结果。

最后，斯坦纳高涨的想象力和文学口味简单地成了一个方便的借口，使其拒绝参与政治和他如今扮演的献媚者角色，充当企业权力和新自由主义意识形态的情报员。在某种程度上，这正是主流媒体一直在推动的叙述模式，将布隆伯格任命案中的最重要议题，尤其是占据州政府权力最高层的思想精英为这种渎职不法行为提供思想支持的本质去政治化。布隆伯格的决策也应该触及一些更重大的议题，如公立教育的危机、针对有色青年的战争、惩罚性国家的出现及其对教育的影响、教育作为公共利益所获得的资金支持越来越少等。《纽约时报》有关斯坦纳的报道也涉及了教育领导权的关键议题，但将其简化为对斯坦纳私生活的描述。该文不惜花费大量篇幅向读者宣传斯坦纳是个"学识渊博的活字典"，以善于在对话和电邮中信手拈来荷马、柏拉图、莎士比亚、但丁的话语而闻名[13]，但这并非问题的关键。他的博学并没有转变为纽约市公立学校的有效领导能力。斯坦纳的所谓思想深度和优雅举止也并没有在任何方式上改善纽约市学校学生的识字能力；相反，它成为掩盖当局剥夺学生资源的本质的可耻幌子，而这些资源是有意义的批判性教育所必不可少的。真正的新闻应该揭露斯坦纳作为新自由主义自由市场的热情支持者的真面目，他长期以来一直鼓吹教学方法比理论更重要，宣扬用培训代替批判性教育，鼓吹特许学校，支持惩罚的陈词滥调，即完全根据高利害考试的成绩和实证性数据等苛刻要求等把师生评价贬低为量化考核。不是将斯坦纳当作明星一样评论其音乐或文学口味就完事，公众需要了解更多的东西，如斯坦纳是如何谈论教育的意义和目的的，怎样做才能不辜负千百万家长、管理者、教师和学生的期望，他们相信教育是培养年轻一代进行批判性思考和参与世界的核心的和构成性的因素，教育不仅培养劳动者而且塑造有文化的具有批判能力的公民。他对纽约许多学生面临的经济不平等问题持什么观点？就此而言，为什么比例越来越高的有色人种穷学 *94* 生被迫休学或被开除以及学校中警察越来越多？这样的问题清单可以一直列举下去。

　　斯坦纳政策制定的实际过程不仅显示了他对任命布莱克女士的决定从来就不持异议，而且也显示了像布隆伯格这样的保守派政客提拔新自由主义官僚到领导岗位上的方式。这些人迫不及待地推广在攻击公立学校、教师工会、教师、学生上发挥关键作用的企业文化和社会关系，所有这些攻击都标志着新改革者群体的崛起，他们是新自由主义者、亿万富翁、风险基金经理。虽然有《纽约时报》目光短浅和一厢情愿的吹捧，但斯坦纳的保守派特征在其发表在极右派刊物上的若干文章中还是暴露无遗。他对批判性教学实践的蔑视和对以企业为基础的教学观的支持在担任亨特学院教务长期间就清晰可见。在亨特学院工作期间，斯坦纳鼓吹特许学校；依靠开办课程和项目强化教师教育的反智主义本质，因为这些课程往往注重实践而不是理论；批判任何加深科研与教学之间联系的尝试；将教学法主要定义为熟练掌握方法；通过强调临床教学而将批判理论的任何残余都从课堂教学中清除出去。与此同时，记录在案的还有他对试图把教师视为批判性知识分子的尝试明显不屑一顾，根本不相信通过熟悉学术研究和批评理论就能改善教师的课堂表现。[14]无论赋予斯坦纳什么样的高雅文化假象，他在纽约教育系统不同层次上的决策和行动都揭示出他作为自由市场意识形态宣传员的嘴脸。他的教育观剥夺了批判性和想象力的任何残余，破坏了合作的环境，削弱了教师在课堂教学中的自主性。斯坦纳的教育哲学最终贬低了教育的目的和意义，使之成为更喜欢培训而非培育的企业文化的附庸。这种教育哲学也支持在学校里加大使用纪律处罚措施，把学校变成各种监督控制模式的实验室，而这些监督是对公民自由和民主本身的巨大威胁。事实上，应该指出，使用摄像机监控课堂是对贫穷黑人学生的严重威胁，因为这种监督往往将某些社会行为犯罪化因而将其当作犯罪行为，从而形成从学校直接通向监狱的输送管道。[15]比如，斯坦纳支持将对教师上课进行视频录像作为教学法实践，高调地支持比尔·盖茨最近的建议，即在教室安装监控设施以评价教师的课堂表现。[16]再比如，他喋喋不休地赞同将公立学校仅当作教学生掌握与工作相关的技能的培训中心的狭隘观念。很少有人谈及这些被拔高为教学法重要技能的技术是如何

95 在工厂和众多其他公共领域使受到不断监督的孩子们丧失敏感性的。在此情况下，企业文化的教学法带有一种即便不是令人恐惧至少也令人感到怪异的氛围，因为这与警察国家的种种行径惊人地相似。[17]

这种视角下的学校教育完全是培养就业技能，同时确立一些政策，不再将批判性思考当作独立行动和积极参与的公民素质的严肃条件。这种教育观标志着一种胜利，即赤裸裸的管理观凌驾于领导力之上。令大卫·斯坦纳、阿瑟·列文（Arthur Levine）、比尔·盖茨、杰克·韦尔奇（Jack Welch）等新自由主义者坐卧不安的是教师们实际上被培养成为具有批评精神的知识分子，不仅熟练掌握理论、学科内容和方法——而且参与危险的活动，即教育学生学会独立思考、问责当权者、敢于冒险、愿意担当起知识生产者而不仅仅是信息传播者的角色。斯坦纳屈从于布隆伯格的独裁者教育观不过是另外一个例子而已，说明企业权力和价值观现在已经在教育界创造出了玛莎·纳斯鲍姆所说的"一代又一代有用的机器"[18]。

布隆伯格和斯坦纳对布莱克女士作为纽约市学校系统的主管的任命、合法性论证以及她的最终失败是得到广泛宣扬的又一个例子，表明美国的

企业精英是多么蔑视公立教育及其作为公民价值观、民主政治和公共文化的守卫者的传统角色。布莱克的任命和随后被解职如果不是悲哀的事实的话，本来可以被解读为娱乐节目《周六夜现场》（*Saturday Night Live*）的创作素材。当然，《纽约时报》的文章还是让人感到些微的欣慰，虽然有些滑稽。文中说布莱克女士唯一适合担任教育局长职位的品质是她"当企业经理时的辉煌成就"，拥有"市场营销的雄才大略"，与第一夫人米歇尔·奥巴马（Michelle Obama）一起参加了"底特律公立学校导师日的活动，几年前还曾担任南布朗克斯区一所学校的'一日校长'"[19]。较少戏剧性但更能说明问题的是，就在她被任命为局长后的两个星期，布莱克会见了一些家长和法律制定者，旨在解决该市越来越严重的招生危机。当有家长提出"曼哈顿下城区到 2015 年将需要增加 1 000 个教室时，这位新上任的教育局长说了一句俏皮话：'我们能否实施计划生育？这将给我们很大的帮助'"[20]。当然，考虑到纽约市学区系统的学生中有 80% 是黑人和拉丁裔人的这个事实，这里就更是带有明显的种族主义含义的问题了。还有一个更大的问题指向企业领袖不断增长的权力和一位企业精英要取消公立学校内一切公共价值观、民主管理模式、教师自主性、批判性思考，以及将学校教育视为培养学生成为批判性思想家和积极参与政治的公民的空间的观点的残余。在这种被剥得精光的教育观中，自我利益、效 96 率、市场价值观占据支配地位。在此观点看来，管理与任何可靠的领导意识都没有关系。学校教育与公共利益之间的联系被教育的企业模式取而代之，该模式完全忽略社会性因素和其他任何不是由最原始的权力形式、工具理性和数学效用定义的观点。笔者在本章曾说过，布莱克和斯坦纳或许已经走了，但把他们放在领导岗位上的经济和企业精英并没有丧失任何影响力，他们依然牢牢地控制着教育改革过程。斯坦纳被副手取代，此人提出的反公立教育改革一揽子计划完全就是斯坦纳的复写本，而布莱克继任者的观点与市长布隆伯格别无二致，也是对教学采取乏味的、以考试为中心的、自由市场式的理解。

在这里，起作用的企业文化不仅把所有社会联结贬低为市场买卖关系，而且把由于第二次镀金时代的出现而产生的不平等、贫困和市场道德观提升到令人吃惊的程度——注意到这一点非常重要。企业和政治精英现在与主流媒体异口同声地对掠夺性的贪婪、道德匮乏和自由市场价值观大唱赞歌，却对因为 2008 年经济危机而在全球产生的众多灾难和民众痛苦完全无动于衷。完全没有领导力的管理将希望私有化，将教师去技能化，将学生当作消费者，同时完全蔑视任何不能简化为靠实证性标准来衡量的知识模式。它关心的与其说是教育倒不如说是培训，在与教师和工会打交道时越来越多地依靠惩罚性管理模式。在对付学生时，越来越多地使用严厉的纪律措施，尤其是对那些被认为可抛弃的学生，因为他们贫穷，他们是黑人或被贴上学习障碍标签。在这种管理模式下起作用的权威不仅是惩罚性的和过分专制的，而且也是对任何可靠的领导观念和社会理想的嘲弄。它不是在领导，相反，这种权威践踏人权、欺负弱者、将恐惧作为其行事方式的主要特征。这是一种将权威和管理结合起来的模式，相信金钱是唯一的刺激手段，可以让学生努力学习，让知识变得有意义，同时理解学习的动态机制。指导这种教育观和世界观的自我主义、效率崇拜和物质主义根本没有办法认识到这种文化中的反民主倾向，也没有可以使用的语言来认识到个人问题其实与社会问题密切相关。这种文化忽略伦理问题，缺乏对教育年轻人成为批判性的公民意味着什么的最起码认识。

97 　　市场极端主义者的企业管理现在将民主社会观打得落花流水，而企业利益和私人利益取代了公共价值和集体利益。不幸的是，这个故事的真正本质并非一个既没有课堂教学经验也没有教育界工作经验的来自企业界的外行被任命为公立学校系统领导者；相反，它代表了市场文化和填补社会真空的权力机制的崛起，在这种社会里，有知识的记忆遭受围攻，新自由主义教学法弥漫在文化机构的每个角落。布隆伯格的行动再次证明了企业文化和公司阶层的巨大威力，他们蔑视辩论，讨厌促成民主的构成性文化，表现出随时准备清除公立教育中任何暗示其可能作为民主的公共空间的理论和实践的强烈意愿。在此市场教育观的指导下，管理被当作旨在清除教育中最起码的伦理原则的培养皿。它已经成为公共生活、年轻一代和民主前景本身日益严重的威胁。市长布隆伯格的管理观并没有识别出变化的动力、希望和社会责任，因为这些是民主领导模式具有的品质。他的管理观中没有呼吁解放想象力，而只不过是些即便不是无知至少也是非常牵强的企图，他要测量知识，要把学习简化为纯粹的技能训练，彻底切断教

师和教育与自我赋权、社会赋权和社会变革等概念之间的联系。市场驱动
的管理观没有动员个人想象力和社会理想的机制；相反，它尽一切可能切
断这些与领导力话语的任何瓜葛。布隆伯格任命赫斯特报系的前执行官，
一个完全不合格的人来担任教育局长就充分说明了当今美国遇到的领导
力危机，说明了民主视野和公共价值观已经陷入名誉扫地的困境。在此个
案中，布隆伯格和支持其教育观的追逐市场利润的亿万富翁要求美国人为
本应该感到羞耻的东西，即市场驱动下的企业文化的崛起感到自豪；而这
种文化厌恶民主，仇视促成民主的教育形式。

注释

［1］Stephanie Strom，"For School Company，Issues of Money and Control，" *The New York Times*（April 23，2010），A1.

［2］Stephanie Clifford and Stephanie Rosenbloom，"Wal-Mart to Offer It's Workers a College Program，" *The New York Times*（June，3，2010），B4.

［3］Elissa Gootman，"Frustrations with Mayor Are Backdrop to Nomineer Uproar，" *The New York Times*（November 25，2010），A28.

［4］Editorial，"The Mayor and the Chancellor，" *The New York Times*（April 24， *98* 2010），A30.

［5］Gootman，"Frustrations with Mayor，" p. 28.

［6］参见斯坦纳为提供弃权声明书作的 12 页辩护，http://graphics8. nytimes. com/packages/pdf/Cathleen-Black-Waiver-Decision. pdf。

［7］Cited in Javier C. Hernandez，"State Grants Waiver for School Chancellor，" *The New York Times*（November 29，2010），http://cityroom. blogs. nytimes. com/2010/11/ 29/state-grants-waiver-for-schools-chancellor/？partner = TOPIXNEWS&ei = 5099.

［8］Sharon Otterman，"Next Schools Chancellor Says 'Give Me a Chance'，" *The New York Times*（December 6，2010），A20.

［9］Clara Hemphill，"Cathie Black Aim at Teacher Tenure，" *InsideSchools. org* （December 8，2010），http://insideschools. org/blog/.

［10］David W. Chen and Javier C. Hernandez，"A Classics Buff Agonizes over Challenge to Mayor，" *The New York Times*（November 24，2010），A27.

［11］关于统治阶级教育的缺陷，参见 Pierre Bourdieu and Richard Nice，*Distinc-*

tions: *A Social Critique of the Judgment of Taste* (Cambridge: Harvard University Press, 1987)。更流行的吸引人的批评，参见 Chris Hedges, *Empire of Illusion*: *The End of Literacy and the Triumph of the Spectacle* (New York: Nation Books, 2010)。

[12] Gerry Mooney and Lynn Hancock, "Poverty Porn and the Broken Society," *Variant* 39－40 (Winter 2010), http://www. variant. org. uk/pdfs/issue39 _40/V39 _40 _ PovertyP. pdf.

[13] Chen and Hernandez, "Classics Buff," p. 27.

[14] 有关大肆宣扬斯坦纳的新自由主义教育立场及吹捧其据此实施的一些政策的文章，参见 Kevin Carey, "'Teacher U': A New Model in Employer-Led Higher Education," *Chronicle of Higher Education* (December 13, 2010), http://chronicle. com/article/Teacher-U-A-New-Model-in/49442/。

[15] Angela Y. Davis. *Abolition Democracy*: *Beyond Empire*, *Prisons*, *and Torture* (New York: Seven Stories Press, 2005), p. 40.

[16] Sam Dillon, "Teachers Ratings Get New Look, Pushed by a Rich Watcher," *The New York Times* (December 4, 2010), A1.

[17] 笔者要感谢同事大卫·普莱斯 (David Price)，是他提醒我注意到盖茨的文章以及他对该议题的评论的，这在笔者写此文时非常有用。

[18] Martha C. Nussbaum, *Not for Profit*: *Why Democracy Needs the Humanities* (Princeton, NJ: Princeton University Press, 2010), p. 2.

[19] Cited in Elissa Gootman and Jennifer Medina, "Mayor Takes Idea of Education Outsider to New Level," *The New York Times* (November 10, 2010), A32.

[20] Chris Glorioso, "Chancellor Black Regrets Birth Control Joke," *NBC New York* (January 14, 2011), http://www. nbcnewyork. com/news/local-beat/Cathie-Black-Regrets-Birth-Control-Joke-113634144. html.

第七章　公共知识分子、清晰政治和语言危机

在一个如此不相信独立思考的国家，要成为受过教育的人几乎是
不可能的。

——詹姆斯·鲍德温

现在非常流行的是这样一种假想，即认为大学教授不再愿意充当批判
性的公共知识分子，不愿意把自己的知识和专长与更大的公共议题联系起
来。导致人们不再在公共议题上发言的因素有许多：学界专业主义的要
求、学界内外对持不同政见者的压制，以及过分沉重的工作负担都限制了
他们参与公共活动所需要的时间。[1]谈到积极参与政治的知识分子，即愿
意与广大民众分享观点、研究和政策建议的知识分子，无可争议的是，学
界进步人士的声音即便不是彻底沉默，至少也变得越来越无关紧要了。这
使得新自由主义和保守主义批评家如斯坦利·费希等人更容易坚持学者
不应该参与政治的观点，即他们必须保持中立、去政治化和专业性，反过
来也就是政治不应该出现在课堂上或涉及更广泛公共议题的学术研究中。
令人感到悲哀的是，如今批评学者作为公共知识分子的最激烈声音似乎来
自普通民众（他们或许赞同右翼人士对大学的描述，即大学是左翼极端
主义者的温床）。在抛弃"象牙塔"精英方面，公众似乎越来越团结。人
们指责他们的演讲和写作使用了一种完全不同的话语，不仅晦涩难懂，而
且与民众关心的话题没有任何关系。下面我将概述三个不太流行的立场以
反对这个观点。首先，我要说的是，学者应该承担起批判性公共知识分子
的责任。其次，我认为学者必须驳斥大众的误解，即通俗易懂是衡量作家
成功吸引普通民众的最终试金石。在此方面，我相信对"通俗易懂"的
诉求已经成为掩盖这样一种真相的意识形态烟幕弹，即用常识和简单化等

观念为借口拒绝接受复杂观点，拒绝承认高超的语言使用水平是受过良好教育的头脑的标志。最后，我认为公共知识分子需要严肃对待如何清楚表达自己思想的问题，以便将理论冲击力和高超的沟通能力结合起来，不仅有力而且聪明地向民众阐述当今最紧迫的议题。简而言之，我想阐述公共知识分子的工作与所谓的清晰性和简单化之间的对立。这个议题并不是非此即彼的选择，一边是错综复杂的话语防火墙，一边是清除复杂性的没有任何障碍的话语；相反，公共知识分子面临的挑战是用一种并不牺牲理论冲击力却又让人明白的语言阐述重大社会议题。这个挑战背后隐含的是更大的政治工程，其中公共知识分子有责任与大众一起努力将语言变成为建设民主社会运动而进行实验、争取权力、参与斗争和表达希望的场所，这种运动不仅有理想追求而且有理论指导。

在过去 30 年里，高等教育界一代知识分子的崛起打破了现状的稳定，甚至从稳重的学界标准来看也是如此。他们的写作使用的理论风格与要求语言清晰流畅、没有深奥难懂的专业术语的传统写作规范格格不入。伴随着向高深理论、精细的文本阅读和致力于探索语言中意义的不稳定性和多样性的转向，后结构主义、解构主义、批评理论、后现代主义等的支持者的写作确实使用了高度专业化、理论色彩浓厚和极端模糊的语言；但是这种学术研究的多样性是一种试图在意义、表现和批评的更复杂的新框架内拓展理论、语言和政治可能性的尝试，这种批评打破了现代主义的专制性和常常具有权威性的逻辑，它也是一种与美国反智主义的长期传统正面对抗的话语，该传统一直在贬低理论和社会议题的重要性。[2]

随着新的理论话语在学界站稳脚跟，反智主义的复兴再次出现在学界的边界之外，并在罗纳德·里根（Ronald Reagan）1980 年代当总统后带着新的能量淹没了整个国家。它迫切地渴望与必胜主义保持一致，而且因为越来越明显的一致性渴望而被不断强化。新正统思想打着推崇个人主义和个人责任的幌子，使鼓吹者挣脱了社会义务和参与更大社会力量的约束，正是这些认识激发了 1960 年代风起云涌的政治运动的活力。著名知识分子诺姆·乔姆斯基（Noam Chomsky）指出，里根改造美国振兴国家的呼吁的核心就是一种市场意识形态，"确保孤立的个人独自面对权力集中的国家和私人力量，得不到组织机构的支持和帮助，也很少有空间来公开表达那些能够挑战官方教义的事实或分析。这些机构本来是可以帮助个人思考自身处境并采取有意义的政治行动的"[3]。若要分享里根话语中令人兴奋的乐观主义情绪，就需要付出巨大的思想代价。乔姆斯基的结论是："只有坚持教义性真理才能给你带来实质性回报——不仅获得权力体系的认可和通向特权的金光大道，而且还能享受无法衡量的优势，即完全摆脱思想、探索和论证的沉重负担和要求。"[4]里根精心塑造的个人形象源于其早年在好莱坞当演员时就形成的男子汉气魄、果敢干练的作风和中产阶级智慧。与此相反，知识分子则被塑造成即便不是颠覆性的共党分子至少也是激进分子，或被塑造成根本没有能力采取有效行动的犹豫不决的傻瓜蛋。重大社会问题需要更加复杂的语言或仔细的分析才能准确描述和清晰讲解的观点被简单地弃之如敝屣，被视为掉入了晦涩难解、缺乏清晰性的深渊。

1980 年代开始的反智主义将我们带到当今具有历史意义的关键时刻，质疑权威被视为一种病态，即 1960 年代所谓的反美主义挥之不去的残余。曾作为 1960 年代标志的长期对抗和表达不同意见的行为，在当今许多政客，尤其是保守派政客看来是患上了严重疾病，将导致政治肌体遭到破坏。随着国家越来越空心化和军事化，批判性的公共空间日益陷入商业化泥潭，甚至彻底消失。主流媒体似乎变成了企业价值观和冷酷无情的经济新达尔文主义的传声筒。企业主导下的强大文化机构不仅产生了右翼公共教学法，而且使公民话语堕落为廉价的广告文案，依靠越来越流行的明星文化及其消费主义幻觉广泛传播开来。或者另一种可能，公共话语已经成为主流媒体上像雪崩一样泛滥得没完没了的时髦俏皮话，这些保守派脱口秀评论家猛烈攻击一切公共的东西。为了打破这种语言一致性的堡垒，许多进步学者已经尝试提升智慧门槛并参与复杂观点的讨论来驳斥整个国 *102* 家对批判性思考和民主政治文化进行的攻击。有人曾在小布什总统身上看到反智主义美国的终极支持者的影子，如今捡起他的衣钵继续卖力地为反智主义辩护的傀儡要多少就有多少。

1980 年代和 1990 年代学界出现了一种转向，即专注于批判性文化分析和其他形式的理论，因为他们承认新观点常常需要新术语来界定。理论转向的更深层复杂性在一定程度上暴露了常识和整体性权威叙述的吸引力，里根派最看重的就是这些东西。但是，晦涩难懂的学界文章在学界内外都制造了众多反对派，保守派、自由派甚至一些马克思主义者结成某种奇怪的联盟。他们的共同基础就在于认定清晰与否是评价文章好坏的最高标准，写作是政治和文化的表现形式。[5]有些批评的确不是完全没有道理，拉塞尔·雅各比（Russell Jacoby）等作家就警告"社会批评家屈服于新拉丁语的危险，即一种完全脱离广大民众的新学院派哲学"[6]。著名社会学教授本·阿格尔（Ben Agger）认为，应该抛弃理论本身——如果"它鼓吹晦涩难解"，不仅"不能吸引他人参与对话，反而排除作者的意图、视角和激情，沦为客观的描述"[7]。到了21世纪初，对复杂难懂的语言的批判力度进一步加大，变成不遗余力地斩草除根，就像政府动员民众对付致命病毒的传播那样。《哲学与文学》（*Philosophy and Literature*）杂志发起一年一度的坏作文大赛，"奖励"美国某些顶尖学者。有个网站用"后现代"文章中的例子让本来就受到惊吓的读者彻底惊呆了，"每次有人登录该网站，就会看到文中臃肿的专业术语和晦涩难解的句子结构"[8]。

　　一个特别有教育意义的例子是备受称赞的哲学家朱迪斯·巴特勒（Judith Butler）成为玛莎·纳斯鲍姆攻击的对象，这篇文章具有超级杀伤力并被广泛阅读。纳斯鲍姆坚持认为，巴特勒深奥难懂的专业化语言不仅揭示了远离学术的民众这个极度令人担忧的现状，而且暴露了"（知识分子）为公众服务的责任意识的丧失"[9]。在纳斯鲍姆看来，巴特勒是一个典型案例，说明了许多学界人士通过隐身于专业术语的防火墙背后而逃离现实政治的趋势。这些术语很少能为我们提供阐述压迫性权力结构的希望，却可以产生一种"危险的寂静无为主义"（quietism）[10]。从描述症状的角度看，纳斯鲍姆呼吁知识分子抛弃巴特勒的激进主义，不要错误地把

103　象征性姿态当作政治变革，这种批评不是没有道理的。不过，纳斯鲍姆的论证的真正价值并不是她对抽象理论或复杂语言的笼统攻击，而是她呼吁知识分子认真对待为公众服务的承诺（就她而言，就是待在自由话语的边界内），并承认学界必须认真考虑的重要议题是如何将自己的思想传播给大学围墙之外的更大范围的公众。

　　就她来说，巴特勒对这种指责的回应是追求清晰性的学术研究常常

"禁锢思想",成为知识分子就意味着"刻苦研究复杂难懂的文本"。她也坚持"学习如何处理复杂的语言对于养成对世界的批判态度不可或缺"[11]。在巴特勒看来,根本不存在透明语言,即能够忽略种种背景、读者和干扰模式的语言。更重要的是,她认为把复杂语言指责为"专业术语"的攻击性言论背后,往往隐含着这样的观念:批判具有破坏性。普遍存在的一种恐惧是"(批判)会导致各种可能性和风险的出现,如质疑我们的假设、生活在焦虑之中,既不断质疑又不过快地将其封闭"[12]。或许是不愿回避这个重要见解,巴特勒没有提到纳斯鲍姆故意忽略的事实,即巴特勒的写作受到这么多不同读者的欢迎,其文笔显然在各种程度的读者中引起共鸣。熟悉巴特勒著作的读者肯定能证明,她通过面向大众的随笔和学术性话语阐述很多重大公共议题。[13]因此,攻击巴特勒似乎不仅有些过分而且误解了她所做的重要工作。

拉塞尔·雅各比扩展了有关晦涩难懂的语言的辩论,并把它与美国公共知识分子繁荣发展的条件丧失殆尽联系起来。雅各比在《最后的知识分子》(*The Last Intellectuals*)中回顾了与《党派评论》(*The Partisan Review*)联系密切的作家以及莱特·米尔斯、默里·布克钦(Murray Bookchin)、埃德蒙德·威尔逊(Edmund Wilson)和更早时期的文笔辛辣的其他理论家。在雅各比看来,这些作家正是因为不仅为学术期刊而且为更广泛的大众撰写文章才赢得了公共知识分子的地位。他钦佩这些人拒绝使用晦涩的语言或模糊的学院派风格写文章。这种著作并没有因要让更多受过教育的读者理解而牺牲智慧深度。面向大众的随笔对他们来说很重要,但并没有牺牲理论、批判性分析或有时候不大容易懂的语言。不是打着清晰性的幌子降低思想交流的门槛,他们用明白易懂的话语阐明复杂的思想,从而提升了交流的品质。当然,这一代知识分子生活的时代不同,工作条件也不同, *104* 许多人得益于更具质疑性的多样文化,他们单单通过发表就能够获得丰厚的收入,并不完全依靠学界的工作,而且积极参加政治活动。他们不受新媒体的诱惑,没有当今总觉得时间不够用的许多人的多任务模式负担,也无须依靠社交网络和博客不停地寻求自我满足。

公正地说,我认为20世纪上半叶占主导地位的阅读和识字观及其支持性机构与现在完全不同。公共知识分子的观念还没有被边缘化,这些作家还在参与具有重大社会意义的政治和文化议题的公共对话。这些知识分子的目标听众不只单一类型，他们能够就众多议题广泛地发表批判性的评论。要成为公共知识分子，你必须不断学习，特别专注地研究社会，了解社会面临的问题。你必须甘愿冒风险参加进行中的公共辩论，这些辩论可能动摇强大利益集团的根基，他们依靠塑造常识企图改变辩论的性质。公共知识分子体现出一种写作模式和政治素养模式，即拒绝接受本能性的膝跳反射，轻易相信清晰性优越于复杂性。当今，清晰性常常不仅为简单化的写作辩护，而且使那些缺乏严谨分析思考的文章大行其道。追求简单化和常识的清晰性已经成为将语言作为受教育者的标志而滥用的借口。过去，公共知识分子在为非学术界读者写的文章中实现了复杂性和通俗性的结合，他们打磨自己的语言使之既通俗易懂又不牺牲理论深度。而且，这种学者坚持，为读者提供探索语言和意义问题的机会是非常有价值的，而不是使用一种徒有其表的权威风格把自己的观点当作朴素真理强加在读者身上。进入 21 世纪后，微博式的清晰性要求已经取代了通俗易懂而且变本加厉，因为它与众多新企业和军事机构、越来越愚蠢的文化机构、糟蹋教育的学校体系，以及越来越庞大的电影、电台脱口秀和电视节目网络结为联盟，它们无论语言还是思想都是中空的。在这样一个时代，时间过得越来越快，完全符合将思想作为寻求刺激、娱乐和大众清晰性的最后障碍而清除的要求，一种没有任何障碍的自发性真理观支配了所有智慧模式。

民粹主义者求助于常识和大众媒体建构的现实的高度娱乐性催生了批评素养的缺乏，再加上视频游戏文化的速度和无限场景，所有这些都引
起了一种道德和政治冷漠，人们根本不屑于在思想上积极参与公共事务。但更加根本的问题是，对常识和通俗语言的诉求已经成为掩盖（尤其是保守派和企业媒体）攫取权力的本质的修辞手段，这种手段建立在虚幻的合法性权威和真理之上，否认语言构造中天生存在着权力的观点。这令人生疑的场景中的语言既非权力所塑造也不部署权力，更不值得为之去奋斗、去争取。

由于新媒体的崛起、供给过剩的经济和让人眼花缭乱的数字平台，公共话语遭受了重大的打击。但是这里还有比供给过剩的信息经济更重要的

问题，还有一种新的景观社会在发挥作用，该社会推崇和奖励各种形式的思想缺失。印刷文化因为要求读者更加持久地关注而让时间慢下来，但它已经不再是年轻一代获得信息和娱乐的主要来源，视听文化的及时性和高度互动性以及提供这些内容的众多媒体途径更受青年人的青睐。法国理论家斯蒂芬·贝拉吉翁（Stéphane Baillargeon）说："我敢说视听媒体、电台、电视已经将其认知模式传播到任何一个地方……如今该模式要求现实来回应它，分分秒秒地跟随其变化而无须寻求视角和理解。"[14]企业主宰新媒体产生了一种危险的去政治化形式和道德冷漠。这是集体的堕落，陷入一种既痴迷又具强迫性的混乱存在。在此情况下，人们无法集中注意力，无法从容应对，无法形成关心同胞的情感和社会责任意识，也无法创造条件进行认真思考的阅读和写作。这并不是否认新媒体也能产生有用的互动和交流，但那只是一个面临被抹去的威胁的故事的一部分。这种叙述的背面是社会秩序被新技术和种种视听屏幕文化塑造和动员起来，这种文化与主流社会的反智主义趋势无缝对接，而且嵌入到明星文化和大众广告的炫目画面中，抗拒任何形式的批判和修辞的复杂性。从技术景观的这种空前的历史时刻中走出来的不仅是干扰人们注意力的文化，更加令人担忧的是我们正在见证这样一个事实，即从复杂性，甚至社会现实中撤退。文化机构的堕落则体现在到处充斥着没完没了的精巧原声摘要（sound bite）、明星的喋喋不休、鼓动仇恨的言论、消费者的疯狂、没完没了的暴力和色情。所有这些都被论证为合理的存在，最常见的辩护说辞是对清晰性、娱乐性和创纪录的利润的追求等。虽然仍有些学者如诺姆·乔姆斯基、安吉拉·戴维斯（Angela Davis）、斯坦利·阿罗诺维茨、斯拉沃热·齐泽克（Slavoj Žižek）、拉塞尔·雅各比和刘易斯·戈登（Lewis Gordon）发挥了公共知识分子的作用，但他们往往被排斥在主流媒体之外，被刻画为边缘性甚至具有颠覆性的人物。与此同时，许多学者发现他们的工作条件极其恶劣，要么没有所需的时间和资源为公众撰写通俗易懂的文章——考虑到兼职教师几乎像奴隶一样劳动，专职教师现在也越来越朝这个方向发展——要么退回到高度专业化的学术论文写作中以便满足学校对教授从事科研的要求，但这些文章只有少数同行才能理解。在此例子中，具有潜在重要性的修辞力量不仅与通俗易懂的可靠观念保持距离，而且也不再可能影响到学界同行之外的广大民众。因此，这种知识分子现在萎缩在与世隔绝的书斋中，与更广大的民众和影响社会的重大议题脱离关系。在很大程度上，他们是把大学变成企业和军事权力的附庸的帮凶。这种学者已经没有能力为高等教育作为重要的公共空间来辩护，也不愿意挑战大众文化诱发的无知粗鄙空间，这种粗鄙注定要排斥批判性参与的思想、复杂观点和为公众而写的严肃作品。没有他们作为公共知识分子的干预，清晰性的主宰更增添了新力量，掩盖了它把任何将实验性语言或严谨的写作交由公众评判的尝试排除在外的企图。其实正是在与民众互动的过程中，观点遭遇批评和修改。

爱德华·萨义德（Edward Said）本人就是杰出的公共知识分子，在他过早去世之前，曾敦促学界的同事养成一种知识分子意识而不是擅长某个专业的专家意识。他坚持认为知识分子的核心议题是直接面对并努力减轻种种形式的社会苦难，这些苦难扭曲当今社会并对民主前途造成严重威胁。他相信这样的任务可以通过创建教学法条件和构成性文化而完成，这样的文化倡导批判意识、思考和对话——这是任何值得向往的民主都需要的识字文化的最主要组成部分。在萨义德看来：

> 因此，我觉得，我们可以做的特别有用的工作之一，是让人们对语言的使用变得敏感起来。不是将其作为一种晦涩难解的语言分类，如机械工程的专业术语和政治科学的专业术语；而是意识到语言携带价值观的方式。语言的确发挥作用，它能发挥这种或那种服务作用。首先……语言如何改变观念，并最终改变我们生活的世界。除非意识到语言事实上能够改变现实的方式，而不是相反，即我们通常的想法——现实改变语言；否则，我认为我们注定要使用一种消极的死语言。作为学生、教师和知识分子，我感受到的是语言的创造力，无论它被应用在什么领域。我试图教导学生认识到这种创造力。在我看来，对语言的最好使用是学生或语言使用者运用语言进行自我反思和自我意识，而不是仅仅把语言当作消极的容器。因此，我觉得，我的对手是整天被动地观看 CNN 的人，他说这就是世界。我的理想是做这样一种人，他观看 CNN 却说：不，这不是世界，而只是世界的一

个版本而已。我作为社会成员的义务是理解其他版本以便从中作出选择，走出去并改变这个世界。[15]

对萨义德、乔姆斯基、皮埃尔·布迪厄、安吉拉·戴维斯等公共知识分子而言，知识分子有责任质疑共识、挑战常识、让当权者处于不安之中。成为积极参与公共事务的知识分子的观念本身既非舶来品也不违反学者的定义，而是其定义的核心内容。在萨义德看来，学界中人有责任进入公共空间，大胆采取明确的立场并引发争议，充当道德证人，提升政治觉悟，揭露权力因素与常常隐藏在公共观点背后的政治之间的联系，提醒民众意识到"隐藏在公共辩论的嘈杂和喧嚣背后的道德问题"[16]。与此同时，萨义德批评那些退回到新教条主义阁楼中的学者，对世事漠不关心的专家的这种教条主义不仅将他们"与公共领域割裂开来，而且使其与不使用同样专业术语的其他专业人士隔离开来"[17]。这在他看来尤其令人担忧，因为当时复杂的语言和批判性思想正在遭受更大社会中各种反民主力量的攻击。

无论是在主流媒体上还是在军事主义、市场理性主义或者其他反动价值观塑造的其他机构中，社会都被呈现为创意作品交流网站（Dribble）上源源不断出现的现成作品以作虚假的分析，快餐式话语被当作持久思想的替代品，现场评论被当成实质性批判的替代品，还有一系列场景继续发挥作用，让更广大民众感到敬畏，并使之持续幼稚化。在此情况下，萨义德坚持认为，学术界是少数仍然致力于教育积极投入的批判性行动者的空间之一；因为无论多么理想化，学术界仍然致力于批判性思考、自我反思和积极投入的研究。虽然他攻击大学内部对专业化和专长的崇拜和这个"与世隔绝的、充斥专业术语的、没有威胁性的好斗"的世界[18]，但他正确地指出大学仍然是可靠的斗争场所，并敦促学界人士将自己的思想研究 *108* 与干预公共生活结合起来。他还主张，虽然大学变得越来越敌视积极投入公共事务的批判，并模仿大公司控制下的媒体的价值观；但学界人士有责任利用不断扩大的教育交流圈子。他说："想象一下讲台、传单、电台、另类期刊、偶尔发表的论文、采访、聚会、教会讲坛和网络等令人印象深刻的众多机会"，这些地方都可以作为学界人士发挥公共知识分子作用的场所。[19]不是认同清晰性等于简单化（或太经常地，幼稚化）的观念等远离批判性思考、理论或进行语言斗争的意愿的任何残余，萨义德主张通俗易懂的观念，其中复杂性和精确严密被转变成普通民众能看懂的东西。在他的分析中，复杂性和清晰性的界限被视为应该抛弃的无效的两分法，取而代之的是这样一种写作途径，即谈论语言明白易懂意味着什么，同时不清除其内容中的任何可靠的意义，也不侮辱民众，而是用文本激励民众去承担其积极参与公共事务的责任。

令人感到悲哀的是，面向广大民众写作的知识分子并没有从学界或者企业资助的基金会等机构中消失；相反，他们只是改变了立场，不再为民众写作而是写文章反对民众，而且总是使用清晰易懂的语言。这些人是乔治·斯夏莱巴（George Scialabba）所说的反公共知识分子。如名称所示，反公共知识分子的功能"不是批判、不是保护公众免受私人的或国家的权力的侵害，而是相反"[20]。他们是一些将才干和技能用在实现国家和企业精英的目标之上的知识分子。他们攻击半福利国家和任何可靠的社会保障观念。为此，他们积极地将所有公共事物如学校、医疗保健、公共交通和其他重要社会服务当作病态。他们攻击在提供社会保障和改善公民生活中发挥重要作用的大政府，但在支持政府扩张某些权力方面却没有问题，如支持政府管理道德，支持在永久性战争经济中投资，支持国家的强制性权力，扩张监督国家，鼓吹利用政府权力取消对公司的任何形式的管制等。这样的例子多得很，显见于印度裔美籍作家迪内希·德·索萨（Dinesh D'Souza）常常带有种族主义色彩的鼓噪，切斯特·芬恩（Chester Finn）主张私有化的反公立学校言论和查尔斯·默利等人反福利国家的话语等等。塑造反公共知识分子话语的基本意识形态元素与共和党极端右翼力量的巩固存在本能的联系。比他们的观点更加粗糙的言论可以在控制了广播电台和电视台访谈类节目的反公共知识分子如格林·贝克（Glenn Beck）、比尔·欧瑞利（Bill O'Reilly）之流那里找到。这些家伙是已经过世的法国社会学家皮埃尔·布迪厄所说的"'快捷思想家'，是擅长扔掉思考的专家"[21]。这些是循环的反公共知识分子，他们除了提供来不及消化和思考的文化即"文化快餐"[22]之外什么也没做。他们满嘴都是时髦的话语，用清晰易懂的语言贬低复杂的议题，把重要话题简单化到剥夺其任何真正的批判的复杂性和实质内容的程度来羞辱读者。

在布迪厄看来，这些知识分子为"蛊惑人心的简单化政策"辩护（这与通过激发民众的兴趣而指导和教育民众的民主目标完全相反）。[23]他们不是揭露隐蔽的权力运行规律，反而是在上面蒙上一层迷雾，在任何地方只要有可能就禁止公众去深入思考或者辩论，总是将其话语置于与媒体精英、学界和"自由派当权者"其他成员的词汇相对立的背景之下。他们的话语隐藏在右翼民粹主义者对常识的呼求中，与任何社会公平和经济正义格格不入。自由派则并不赞同其对清晰性众口一词的反智主义观点。反动派政治很方便地隐藏在呼吁通俗易懂的语言和常识的幌子下，这一点变得越来越清晰可见。保守派播音员格林·贝克在2010年3月2日的电台节目中就说："我恳求你们在教会网站上寻找社会正义和经济正义等词汇。如果找到，就赶紧逃跑。社会正义和经济正义是暗语（code words）。"[24]但《纽约时报》坚持认为，贝克"是说对纳粹主义来说它们是暗语"[25]。

快餐思想和话语的反民主倾向也容易出现在"快捷思想家"身上，他们通常用少许耸人听闻和引人注目的话语强化其拥抱平庸和常识语言的倾向。这种景象充分展现在副总统狄克·切尼（Dick Cheney）的女儿里兹·切尼（Liz Cheney）麦卡锡式的冗长发言和《旗帜周刊》（*The Weekly Standard*）的新保守主义编辑比尔·克里斯托尔（Bill Kristol）难以模仿的言论中。最近，两人都在媒体上连篇累牍地指控那些为关塔那摩监狱被拘留者无偿提供辩护（pro bono defense）的政府律师即便不是叛国者也是非美分子。他们不仅制作了丢人的光碟污蔑"这些政府律师是'基地组织七号营'"，而且"将这些人的非美活动与奥萨马·本·拉登的照片并排放在一起"[26]。从最本质上说，这种用清晰语言和耸人听闻的风格包装起来的蛊惑人心的言论去除了深思熟虑的论证的任何伪装，同时破坏了美国公众作为有文化的公民进行独立思考和判断的能力。

110

由于不参与公共事务的学者和反公共知识分子的大量出现，一方面，人们为了专业认可的话语宁可牺牲掉投身公共事务的承诺；另一方面，对清晰性和常识的呼求已经具有了专制倾向。两种立场都对公民参与和民主实践造成严重影响，各自以独特的方式破坏了进行批判性思考的可能性和知情的交流模式。但是，这些势力的立脚点并不相同，产生的影响也不一样。正如理查德·霍夫斯塔特在其里程碑式的著作《美国人生活中的反智主义》（*Anti-Intellectualism in American Life*）和苏珊·雅各比（Susan Jacoby）在《美国非理性时代》（*The Age of American Unreason*）新版中所写，反智主义在美国有漫长的历史，目前似乎已经达到了空前的高度。这"归咎于众多因素的合流，如伪科学、极端主义、痴迷名人的媒体……衰退的学术标准……政治皮条客心态，以及调查性新闻报道的弱化等"[27]。否则如何解释人们对得克萨斯州教育委员会的恶行竟然缺乏批判的勇气呢？该机构制定了供数以千计的学校学生学习的社会学课程，这些课程篡改历史以便维护宗教极端主义者的价值观，赞美右翼社会运动如全国步枪协会，为麦卡锡主义辩护，把托马斯·杰斐逊从"激励了18世纪后期和19世纪革命的作家名单"中清除出去。[28] 显然，所有这些例子都说明了批判素养、批判性地认识世界和使用词语的能力与处理难懂的语言和复杂的论证的能力是无法分割开来的。共和党总统候选人萨拉·佩林（Sarah Palin）正是依靠这些能力才能熟练地在闲谈中将谎言、扭曲和省略拼在一起，格林·贝克咄咄逼人的常识中同样不乏此种伎俩。

　　虽然我的焦点集中在学者和知识分子在语言辩论中扮演的角色上，但我认为我们有必要撰写既具有力量和激情又能被普通民众看懂的文章的说法既是必要的，同时也可能存在问题。之所以说它是必要的是因为语言必须通俗易懂才能传播给广泛和多样的受众，虽然到底什么是"通俗易懂"，不可避免地要通过反复试验才能得出。向更加通俗易懂的方向转变不应该与民粹主义者常识性的清晰性呼求妥协，因为这种清晰性抵消了语言和意义斗争的必要性，可悲地破坏了通俗易懂的文章的批判的公共功能。在要求通俗易懂的背景下，清晰性谴责任何晦涩难懂、复杂语言、持久不变的焦点或深思熟虑的观念。其鼓吹者往往忽略整体论证甚至思想传统，转而指责它们不清晰，因为这些与简单的、透明的和娱乐的意识形态议程格格不入。利用清晰性作为推动反智主义的工具并没有远离教条主义的种种变体，教条主义拒绝给予对立的观点公平发言的机会。回避任何不熟悉的语言，常常用情感和观念取代详细论证和认真分析等都是思想封闭和狭隘的表现。

　　使用清晰的时髦话语来消除意义和语言斗争的合法性，这种做法基于复杂性和清晰性之间肤浅的对立而区分了多种写作形式，完全否认了鼓吹这种清晰性的政治动机。这种二元论预设了一种观点，即简单地吁求清晰的语言这个事实本身就有意义，即便不是某种自然的和即刻就能够看出来的真理与合法性。这种立场也暗示读者应该能够轻松地交流观点，因而无须给读者强加上批判性分析和反思的责任重担。用清晰的语言写作的命令事实上是用战略术语重新定义了语言和权力之间的关系，即在清晰性和复杂性的二元对立框架内，专注于语言这个焦点不仅忽略了多样受众的不同阅读要求，而且颠覆了它声称要解决的问题。正是通过拒绝谈及培养多种文化素养的重要性，该命令限制了崇尚质疑和对话的文化进一步扩张的可能性，因为正是这种文化素养让人们能够在不同的意义地图内或跨越不同意义地图地对话。在笔者看来，这里的清晰性似乎不是推进对不同话语、意义、价值和翻译交流模式的兼容并包，而是强化了对异端的不宽容态度。

　　而且，那种认为某些作家、学者和记者写作的语言晦涩难解的说法存在着一种风险，那就是通过预设而不是展示衡量清晰与否的普遍标准将清晰性议题具体化。比如，对清晰性进行立竿见影检验的批评家在对阅读挖掘真相（Truthout）和异议者（Dissent）这样差别很大的媒体的读者的素养水平作出评价时，心中有个具体的标准吗？它们多个层次的读者的阅读素养相当于《读者文摘》（*Reader's Digest*）体现的阅读水平吗？他们作出评价的权威源于哪里？凭什么代表所有读者认定什么通俗易懂什么晦涩难解？不幸的是，清晰性话语似乎建立在一个被认为无须质疑的、普遍的阅读能力标准的基础之上，同时暗含了自我确认合理性和深刻的反民主含义，即认为大部分人太笨、太冷漠，根本没有能力与语言和意义作斗争。这种语言方式压制了对背景的质疑，即谁在什么情况下阅读什么。更重要的是，它预设了语言是透明媒介的前提，只需要确定一致的方式就能实现对事实的无缝传播。这种立场面临逃离文化政治的风险，因为它将语言置于历史、权力和斗争的范围之外。虽然这种反理论立场或许对某些人来说听起来很舒服，但它无法帮助人们理解权力、批判性思想和不可避免的语言斗争之间的复杂关系。而且，对清晰性的吁求常常无视作家在语言使用上面临的挑战，这些作家宣称其目标是要把熟悉的语言变得陌生化，将某些常识性假设放在不同的背景之下进行改组和调整，或暴露其隐蔽的政治秩序，或将其置于新的语言模式中。

当然，这不是为不知所云的语言和"糟糕的写作"找借口——如果我们能对什么是糟糕的写作达成一致意见的话。我们是在试图区分清晰性概念和通俗易懂概念，前者禁锢思想，后者能够让公共知识分子"在思考社会、文化和政治等广泛问题时将其观点传播给不止一类受众"[29]。如果批判性思考和社会能动性的最大障碍是打着清晰性的幌子强行坚持一种普遍的无知，那么现在到学者和普通大众更认真地思考的时候了，即负责任的作家和负责任的读者究竟意味着什么。

至少，人们必须询问：到底是什么让这些争取清晰性的战士能够批判性地阅读某些文本，却同时认定普通大众还不够聪明因而难以看懂这些文章。在这里起作用的不仅仅是草根的精英主义，里面还有卑鄙的假设，即多数人太"笨"了，根本看不懂文本也无法使用批判性、理论性和矛盾对立的语言。因此，这个立场暗示积极行动主义和智力劳动是相互对立的，更能说明问题的是，这些最好留给高瞻远瞩的领袖圈子。而且，这暗含着让学者去翻译理论或专业著作以便让"更广泛的社会力量掌握知识"，同时把这些著作与读者和大学边界之外的公共空间联系起来的空间并不存在。[30] 赤裸裸的清晰性观念在学术界和更广泛的大众之间竖立了一堵高墙，为此，它强化了双方最糟糕的思想倾向。一方面，该观念允许学者退缩到自己的专业领域和神秘的专业术语中，因而使其变成支配性的权力和权威模式的帮凶；另一方面，赞美赤裸裸的清晰性事实上通过削弱更广泛的民众批判性地阅读词汇和世界的能力而让他们去技能化和去政治化，同时通过破坏其能动意识而使其置于从属性地位。汉娜·阿伦特说，一个放弃用批判性眼光看待自身能力的社会必然招致一种危险，即不仅将针对自身成员的野蛮暴行正常化，而且变成对他人施加暴力的犯罪分子。[31]

在冷酷无情的市场文化将读写能力贬低为精明的商品消费者和没有头脑的明星文化参与者的时代，语言、读写能力、意义必然成为对抗和斗争的关键领域。将对清晰性的吁求视为问题的做法不能仅仅被错误地理解为旨在颠倒这些范畴的相关性的聪明演练，从而让抽象的语言凌驾于常识性语言和闲谈之上，或者认定对清晰性的吁求总是处于有意的神秘化一边。我们需要质疑和拒绝清晰性和复杂性、智力劳动和简单化文章等二元对立的典型特征：还原主义和排外性。问题不在于"糟糕的"写作，就好像晦涩难解的文章根本没有什么重要思想要传达；相反，读者要对付的最重要问题不是清晰性而是这种文章是否提供一种愿景和实践，从而能够加深文化话语（包括学术话语）与实质性的多元化民主要求之间的可能关系。因此，理论性实践的确定性原则属于"对民主以及……如何塑造民主文化重新拥有浓厚的兴趣"[32]。现在我们很容易忽略清晰性的语言在支配性文化中所发挥的作用，这种支配性文化非常巧妙和强有力地使用清楚易懂和简单化的语言，系统性地破坏和阻止普通民众参与最低限度的批判性思考的必要条件。事实上，这种分析忽略了大众媒体、学校和其他文化机构的语言可怕的同质性和标准化，而这正是语言和权力结合起来为普通大众提供那些去除了复杂思想和反叛眼光的、经过净化的知识和意识形态观念的方式。

许多学者、知识分子和其他个人常常忘记的是语言和交流作为理论性实践，其重要性在很大程度上源于其可能具有的批判性和颠覆性。因此，仅仅依靠清晰性和简单明了的标准评价一篇文章或著作，并没有向已经成为反智主义或精英主义帮凶的写作和说话方式提出足够严肃的挑战，反智主义和精英主义都破坏了普通大众用批判性和对抗性方式思考问题的能力。"语言有什么好"的问题只有在将清晰性和通俗易懂置于有关公共知 *114* 识分子角色、权力和能动性的互动，以及实现民主所需的构成性教育文化的更大话语框架内才有意义。

注释

[1] 有关这个议题的更详细内容，可参见拙著 Henry A. Giroux, *The University in Chains: Confronting the Military-Industrial-Academic Complex* (Boulder, CO: Paradigm, 2008)。

[2] Richard Hofstadter, *Anti-Intellectualism in American Life* (New York: Vantage Books, 1963).

[3] [4] Noam Chomsky, *The Culture of Terrorism* (Boston: South End Press, 1988), p. 21.

[5] 对难懂文章的激情辩护，参见 Jonathan Culler and Kevin Lamb, eds., *Just Being Difficult? Academic Writing in the Public Arena* (Standford, CA: Standford University Press, 2003)。

[6] Russell Jacoby, *The Last Intellectuals: American Culture in the Age of Academe* (New York: Basic Books, 1987), p. 236.

[7] Ben Agger, *The Decline of Discourse* (New York: Falmer Press, 1990), pp. 35, 37.

[8] 该网站从前的地址: http://www.cs.monash.edu.au/cgi-bin/postmodern，不过现在已经关闭。See Denita Smith, "When Ideas Get Lost in Bad Writing," *The New York Times* (February 7, 1999), http://crab.rutgers.edu/-goertzel/badwritting.htm.

[9] [10] Martha Nussbaum, "The Professor of Parody," *The New Republic* (November 2, 2000), http://arlindo-correia.com/100702.

[11] Judith Butler, cited in Gary A. Olson and Lynn Worsham, "Changing the Subject: Judith Butler's Politics of Radical Resignification," *JAC* 20: 4 (2000), p. 727.

[12] Ibid., p. 738.

[13] 人们可以在她最近的著作中看到这两类话语的例子。See Judith Butler, *Precarious Life: The Powers of Mourning and Violence* (London: Verso, 2004) and Judith Butler, *Frames of War: When Is Life Grievable?* (Brooklyn, NY: Verso, 2009).

[14] Stéphane Baillargeon, "Emerging from the Media Fog," *TruthOut.org* (January 11, 2010), http://www.truthout.org/emerging-media-fog56702.

[15] Edward Said, "What Is the Role of the Intellectual in Public and Political Life Today?" Interview by Michael Phillips on *Social Thought*, February 1991, http://www.well.com/user/mp/t20.html.

[16] Edward Said, "On Defiance and Taking Positions," *Reflections on Exile and Other Essays* (Cambridge: Harvard University Press, 2001), p. 504.

[17] Edward Said, *Humanism and Democratic Criticism* (New York: Columbia University Press, 2004), p. 70.

[18] Ibid., p. 126.

[19] Ibid., p. 132.

[20] George Scialabba, *What Are Intellectuals Good for?* (Boston: Pressed Wafer, 2009), p. 7.

[21] Pierre Boudieu, *On Television* (New York: The New Press, 1996), p. 35.

［22］Ibid. , p. 29.

［23］Ibid. , p. 3.

［24］［25］Laurie Goodstein, "Outraged by Glenn Beck's Salvo, Christians Fire Back," *The New York Times* (March 11, 2010), p. A14.

［26］Frank Rich, "The New Rove-Cheney Assault on Reality," *The New York Times* (March 14, 2010), p. WK8.

［27］Thomas Benton, "On Stupidity," *Chronicle of Higher Education* (August 2008), http://chronicle. com/jobs/news/2008/08/2008080101c. htm.

［28］James C. McKinley, Jr. , "Texas Conservatives Win Curriculum Change," *The New York Times* (March 12, 2010), p. A10.

［29］Ellen Willis, "Who Will Support the Intellectual's Work?" *The Minnesota Review* 50-51 (October 1999), p. 189.

［30］Stuart Hall, cited in Greig de Peuter, "Universities, Intellectuals, and Multitudes: An Interview with Stuart Hall," in *Utopian Pedagogy: Radical Experiments Against Neoliberal Globalization*, ed. Mark Cote, Richard J. F. Day, and Greig de Peuter (Toronto: University of Toronto Press, 2007), p. 115.

［31］See Hannah Arendt, *Eichmann in Jerusalem: A Report on the Banality of Evil*, rev. ed. (New York: Penguin, 2006).

［32］Gregory Jay, "The End of 'American' Literature: Toward a Multicultural Practice," *College English* 53 (1991), p. 266.

第八章　保罗·弗莱雷和见证教育学

116　　在大众记忆被抹杀，教育的社会相关意义被遗忘，评比和量化语言备受推崇的时代，牢记保罗·弗莱雷的遗产和著作就越发重要。保罗·弗莱雷是 20 世纪最重要的批判教育家之一，是批判教育学最重要的理论家之一。这种教育运动受到激情和原则的指导，即帮助学生培养自由意识，承认威权倾向，为想象力赋权，将知识和真理与权力结合起来，学习如何阅读文字和世界，以此作为争取能动性、正义和民主的更大斗争的组成部分。弗莱雷的《被压迫者教育学》（*Pedagogy of the Oppressed*）一书被看作批判教育学的经典著作，销量高达数百万册，影响了美国和世界其他国家的几代教师和知识分子。

　　最近以来，北美教育界几乎没有哪个知识分子的理论活力、公民勇气和道德责任感能够与弗莱雷相提并论。与从前相比，他的典范作用更加重要了。随着公立学校教育和大学教育越来越多地受到新自由主义和保守主义势力的围攻，教育者承认弗莱雷对教育的赋权和民主潜力的理解成为必然。当前批判教育学为年轻人提供了最好的，或许也是唯一的机会，培养

117 他们的知识、技能和责任感，这些是他们在参与管理社会秩序和发挥领导作用时所需要的东西。

　　在调查美国的教育现状时我们发现，大部分大学和中学教育被工具主义和保守派意识形态所控制，他们仅仅专注于方法，热衷于问责措施；而教育行政管理者则是一帮不学无术之徒，既没有广阔的视野又缺乏对教育的批判性理解，根本不晓得教育在增强想象力、推动民主社会的公共生活中能够发挥的重要作用。其后果之一是追求卓越的教育理想已不再关心平等问题，而高等教育——曾经被认为是基本的公共利益——基本上被简化

成私有产品，现在只能被有经济能力的少数人所享用。大学越来越多地根据企业对技能、知识和证书的需要来定位。人们期待教育能够建设一支劳动力队伍，不仅能让美国抗衡中国和其他东南亚市场惊人的经济增长，而且能维持美国作为全球经济大国和军事强国的地位。因此，很少有人有兴趣把高等教育的教育学基础理解为具有深刻内涵的公民和政治工程，它能够提供发挥个人自主性的条件并追求解放和自由实践的集体目标。

公立学校的情况更加糟糕。因为完全受到工具性教学法的支配，转向死记硬背、一致性和高利害的考试，公立学校已经变成了思想上的死区和惩罚中心，它已经不再讲授公民价值观，也不再致力于拓展学生的想象力。对公立教育根深蒂固的蔑视不仅体现在奥巴马的特许学校改革运动中，而且体现在超级富豪和风险投资基金僵尸对公立学校充满敌意的接收。前者推崇考试驱动和私有化，后者则使这些富豪从获得对特许学校的控制权中获取巨额税收减免的优惠，公众就这样变成了教育改革的敌人。否则我们如何解释迈克尔·布隆伯格市长竟然可耻地任命赫斯特报系的总裁凯瑟琳·布莱克来担任纽约公立学校系统的主管？她不仅没有任何教育界的经历，而且她的背景还代表了一种最糟糕的精英傲慢和不受问责的权力。当然，《纽约时报》对布莱克的生活习惯的报道并没有暗示她适合作为年轻人的道德榜样："到排斥黑人和犹太人的乡村俱乐部骑马……把价值 47 000 美元的手镯借给曼哈顿博物馆……自上任以来拒绝接受采访。"[1]那么，她拥有像鲁伯特·默多克（Rupert Murdoch）这样的富豪朋友，曾在 1990 年代充当报业争取"解禁香烟广告"[2]活动的主要游说者，*118* 也就不足为奇了。似乎在涉及企业精英时，对教育文化的无知反而成了一种美德。当然，还有更尖锐的问题，即这样一个候选人是否有资格作为年轻人的保护者和体现正直与勇气的道德典范？因为许多教师和学生都要在她的领导下工作和学习。公共价值观的地位和公立学校教育的质量可能因为这个任命而一落千丈。幸运的是，上任仅仅几个月之后，布莱克女士不称职的迹象就变得越来越明显。在遭遇不断的批评之后，她在市长的要求下辞职。缺乏远见和领导力也是全国公立教育系统屡见不鲜的典型症状。

在教学中的所有批判性因素都被剥夺了、"灌输式教育"占主导地位的背景下，弗莱雷提出，在最广泛的意义上，教育具有突出的政治性，因为它为学生提供了用来进行自我反思、自我管理和培养批判能力的条件。在弗莱雷看来，教学法是培养批判意识和推动社会行动的构成性文化的核心。在此意义上，教学法与社会变革联系起来，它是激励学生批判性地参与世界并根据世界的变化而行动的一项工程和刺激。社会学家斯坦利·阿罗诺维茨说，弗莱雷的教学法帮助学生"意识到迄今为止控制其生活尤其是塑造其意识的那些力量"[3]。

在当今的历史关头，教学法已经被简化为一种培训技能和方法的形式。借用意大利哲学家乔吉奥·阿甘本（Giorgio Agamben）的著作及其"裸命"（bare life）概念，笔者提出"裸教"的教学法形式，这是存在于社会极限的教学法，不仅让教学法实践从属于最大化的市场个别化法则，而且创造出一系列的条件，其中学生作为批判个体的潜能被悉数剥夺，教师则越来越多地被贬低为远离管理中心的纯粹的技术工匠，他们越来越多地被定义为可有可无之人。阿甘本的裸命概念揭示了一种状态，即法律的非法性成为浸淫着抛弃和排斥的政治的基础，"裸教"概念指的是为这种实践提供合法性并使之正常化的教学法条件和教育模式。这种推崇一致性和可抛弃性的裸教将批判性对话、批评和道德考量彻底清空，造成的结果是培养出这样一种学生，他不是觉得自己对他人负有责任，而是觉得批判思想、社会责任和社会正义的存在已经成为承受不起的重担，是必须受到限制的东西，甚至将自我反思的实践看作动摇他或她的身份认同的严重威胁。

弗莱雷提出了一个理论来驳斥这种观点。他认为，批判教育学远非强加在每个学生身上的简单方法或先验性技巧，或者未被证明的权威的强制性灌输；相反，它是一种政治和道德实践，为学生提供必需的知识、技能和社会关系，使其能够自己探索成为积极参与政治的公民意味着什么的可能性，同时扩展和加深他们对实质民主的愿景的参与度。在弗莱雷看来，批判教育学为学生提供了阅读、写作和以能动的立场学习的机会，使其积极参与到质疑文化中来。这种文化要求的远非死记硬背的技能和对所学技能的实际应用。在弗莱雷看来，教学法要有意义就需要具有批判和改造的潜力。这就意味着个人经历成为宝贵的资源，它能给学生机会把自己的叙述、社会关系、历史与所学内容联系起来。这也代表了一种资源，可以帮助学生在日常生活的具体背景下确定自己的位置，同时进一步加深自己对在此条件下自身所受限制的认识。在此情况下，个人经历变成了起点和探索对象，它能够被证实、被批判性地质疑、被用来作为参与更广泛的知识探索和理解模式的资源。不是取代理论，而是经验与理论一起工作以便排除这样一种观念，即经验提供某种清晰的真理形式或政治保证。个人经验非常关键，但它必须经由理论、自我反思和批判才能变成有意义的教育资源。

在弗莱雷看来，批判教育学提供了一种思维方式，它能超越现状看似自然和不可避免的藩篱，挑战"常识"证明了的假设，突破个人经验的限制，进入与历史的对话中，想象一种并非仅仅复制现状的未来。因此，批判教育学坚持认为教育者的根本任务之一是确保未来指向更加公平正义的世界，在这样的世界里，批评和可能性——连同理性、自由和平等等价值观——发挥改造生活基础的作用。虽然它反对把读写能力视为对事实和技能的传播，这些事实与技能和最新的市场趋势绑在一起；但很难说批判教育学像标准化和客观性考试的鼓吹者常常坚持认为的那样，是破解政治灌输的办法。这种教育学为学生提供了创造性地、独立地思考和行动的新方式，同时清楚说明教育者的任务是"鼓励人性的自由发展，而不是按照皮格马利翁的方式塑造人性"[4]，阿罗诺维茨说。

批判教育学坚持的是教育绝非中立性的。它总是具有指导性，企图教 120 育学生理解更大的世界以及他们在世界中扮演的角色；而且，教育不可避免地故意影响在特定阶级和社会关系框架内生产知识、欲望和身份认同的方式和内容。在弗莱雷看来，教学法总是预先假设某种更加平等和更加公平的未来观念，因此，它应该总是在某种程度上发挥启发作用，带领学生超越他们认识的世界，以便扩展人性发展所需的能力和民主价值观。有些理论家认为，任何具有指向性的教学法都是在鼓吹一种师生之间的不平等。与他们不同，弗莱雷的教学法拒绝把权威理论化为单纯的支配工具。前者的观点倾向于适当地指出权威存在的问题，但并没有充分将其理论化。谴责权威却不指出具体问题——有时指出具体问题在课堂教学中是必

要的或非常关键的——常常造成逃避社会责任和政治本身的后果。[5]批判
教育学的核心是承认我们教育年轻人的方式与我们渴望的未来有关，这种
未来应该为学生提供一种能加深他们对自由和社会正义的认识的生活。弗
莱雷说，甚至在高等教育的管辖范围之内，教育者也应该支持和鼓励那些
教学法实践的发扬光大，这种实践推动"这样一种认识，即要永远保持
永不满足、永不枯竭的人类潜力的开放性，坚决回击旨在排斥和预先制止
进一步展现人类可能性的企图，激励人类社会不断质疑自我，防止这种质
疑遭到封杀和打压"[6]。

　　未完成的人类观念与齐格蒙特·鲍曼的社会观念形成共鸣，后者认为
社会永远不能达到正义的极限，因而拒绝历史的终结或意识形态的终结之
类的观点，同时拒绝考虑我们想象未来的方式。这种批判语言和对教育的
希望是弗莱雷的遗产，在当今自由派和保守派有关教育问题和适当的教育
改革的话语中，它们的缺席变得越来越明显。保罗·弗莱雷热衷于复兴和
重新表述对教育的希望，用他的话说是通过"把历史理解为机会而不是
决定论"[7]。希望是能够让教育者和其他人有不同思考进而产生不同行为
的充满道德想象力的行动。

　　弗莱雷强烈反对虚假的希望，即把传统教学法模式当作取得教育成就
的方法和蓝图。对那些需要即刻见效的理论和政治应急措施的人来说，弗
莱雷并没有提供药方。与此同时，他对那些向他提出教育问题并希望他提
供菜单式答案的人却非常耐心。这些人并没有意识到自己的要求破坏了他
坚持的原则，即批判教育学总是根据具体背景来定义的，必须作为个体或
社会改造工程来实施，它从来不可能被简化为单纯的方法。对弗莱雷来
说，背景的确非常重要。与此同时，他将背景历史化和政治化，将其视为
在不同权力关系中进行斗争的结果。他特别关心的是这些背景如何以独特
的方式概括知识、语言、日常生活和权力机制之间的关系。任何自称弗莱
雷式教学法的教学法都必须承认这个基本原则：我们当今的知识是与特定
的历史背景和政治势力联系在一起的。课堂是一系列独特力量共同塑造的
结果，其中既有学生带来的多样性的历史和需求，又有教师拥有的资源的
多寡，以及对师生关系产生影响的管理关系等。

　　要想理解指导批判教育学的工程和实践，就必须首先认识到在教育背

景下发挥作用的政治势力和权力关系，认识到学校管理者、教师和学生在日常生活中是如何抗衡这些势力的。该教学法的核心是权威和权力的关系、教学和对能动性的争夺、社会责任及其与更大公共议题之间的关系。在此意义上，教学法是在寻找如下问题的答案：把学习与实现自我决策和社会决策的潜能联系起来意味着什么？这些潜能不在塑造和争夺欲望、能动性和身份认同的机构和社会关系之外，而是在其内部。在将真理与理性、学习与社会正义、知识与理解自我和社会的模式联系起来的过程中，教育扮演的角色极其复杂，它要求教师、学生和家长不要把教育与政治、权威和社会责任问题割裂开来。责任不应该意味着从政治领域退缩，而是严肃地拥抱政治，即作为民主工程组成部分的政治思考和政治行动到底意味着什么。在此工程中，教学法已经成为促使民主化得以实现的构成性文化和行动者获得所需能力的首要议题。

　　弗莱雷也承认理解这些特殊的、本地的背景的重要性，它们与全球的和国际的更大力量联系在一起。让教学法更具有政治含义就意味着超越对部落心态的称赞，并开发出一种教学实践，它强调"将权力、历史、记忆、关系分析、正义（不仅仅是代表权问题）、伦理学作为国际民主斗争的核心议题"[8]。文化和政治以讲历史的方式相互启示对方，历史的在场或缺场被当作有关民主价值观、关系和能动性模式的更大斗争的组成部分而被人叙述。弗莱雷承认，人们正是通过在多层次的权力和文化领域内进行复杂的经验生产才确认了自己在世界上的位置，并对其进行叙述和改造的。弗莱雷挑战了将文化体验与政治、教学法和权力本身割裂开来的观念，但他并没有犯下许多同代人的错误，即将文化体验与身份政治的狭隘观念混为一谈。虽然他对普通公民影响历史并书写自身命运的能力具有坚定的信心，但他拒绝将经历过压迫性社会条件的个人和文化浪漫化。当然，他承认权力将某些形式的文化资本，如特定的说话方式、生活方式，及在世界上存在和行动的方式置于特权地位；但他不相信从属文化或被压迫者的文化能够避免压迫性意识形态和制度性权力关系的不良影响。因此，文化可以被视为当今社会持续进行的斗争和权力争夺的战场，因为文化是影响更大社会结构以及身份构成的最私密领域的重要教育力量。

　　在批判教育者看来，经验是教学的根本性因素，但是它在不同群体中

122

的独特构成并不能保证某种特定的真理观。如前所述，经验本身必须成为分析的对象。学生体验这个世界并讲述该体验的方式总是一种活动，它涉及无意识的和有意识的承诺、政治、读写能力和掌握多种语言，因而经验总是采取迂回的途径，将理论作为自我反思、批判和可能性探讨的对象。结果，不仅历史和经验变成了斗争场所，而且赋予日常生活以意义、赋予行动以政治方向的理论和语言也变成了必须进行批判性反思的对象。弗莱雷一再挑战这种观点，坚信再造理论与政治二元对立的任何尝试都是错误的。他表达了对理论著作及其贡献的高度尊重，但他从来没有将其具体化。在他谈论弗洛伊德、弗洛姆（Fromm）或马克思时，人们能够感受到他对思想的痴迷；但是他从来没有把理论当作目的本身，理论总是一种资源，其价值在于理解、批判性地参与和改造世界，是更大的自由和正义工程的组成部分。

弗莱雷在见证他人经受的个体和集体痛苦时保持警觉，但他避免扮演孤立知识分子的角色，不愿意做孤军奋战的英雄。在弗莱雷看来，知识分子必须通过继续努力建立联盟、扩大联系、开展社会运动等来动员真正的权力并推动实质性的社会变革以回应将教育学变得更具政治性的呼吁。政治不仅仅是展示转变、代表和对话的姿态，要产生效果，政治就必须创造条件使民众变成有批判能力的行动者，承担起民主的公共生活的责任。弗莱雷非常清楚地意识到民主遭受的种种威胁，如强大的军事—工业联合体、极端主义群体的崛起和战争国家越来越大的权力，但他也明白产业化和军事化的文化的教学法威力，它损害公民的道德和素质，使之难以超越官方权力的常识去思考问题，也无法摆脱右翼媒体机构鼓吹的仇恨言论的影响。弗莱雷坚信，如果没有使民主成为可能的构成性文化，民主就不可能长久存在。学校内部的教育场所和更广泛的文化都代表了某些最重要的场所，我们正是通过这些场所来确认公共价值观，支持具有批判能力的公民，抗拒那些试图否认教学的赋权功能的人的。在公立教育和高等教育机构已经与市场竞争、一致性、去权（disempowerment）、冷酷无情的严厉惩罚联系起来的时代，保罗·弗莱雷的遗产比从前任何时候都更加重要。

注释

［1］［2］David M. Halbfinger, Michael Barbaro, and Fernanda Santos, "A Trailblazer with Her Eye on the Bottom Line," *The New York Times* (November 18, 2010), p. A1.

［3］Stanley Aronowitz, "Forward," in *Critical Pedagogy in Uncertain Times: Hope and Possibilities*, ed. Shela L. Macrine (New York: Palgrave Macmillan, 2009), p. ix.

［4］Stanley Aronowitz, "Introduction," in Paulo Freire, *Pedagogy of Freedom* (Lanham, MD: Rowman & Littlefield, 1998), p. 5.

［5］采取这个立场的一个例子，参见 Charles Bingham and Gert Biesta, *Jacques Ranciere: Education, Truth, Emancipation* (New York: Continuum, 2010)。

［6］Zygmunt Bauman and Keith Tester, *Conversations with Zygmunt Bauman* (Malden, MA: Polity Press, 2001), p. 4.

［7］Paulo Freire, *Pedagogy of Hope* (New York: Continuum, 1994), p. 91.

［8］M. Jacqui Alexander and Chandra Talpade Mohanty, "Introduction: Genealogies, Legacies, Movements," in *Feminist Genealogies, Colonial Legacies, Democratic Futures*, ed. M. Jacqui Alexander and Chandra Mohanty (New York: Routledge, 1997), p. xix.

索　引

Abu Ghraib　阿布格莱布监狱　14

Academics　学者　99，100，102，105－
111

Accessibility. See under intellectuals,
public　通俗易懂，参见"公共知识
分子"

Addams, Jane　简·亚当斯　1

Afghanistan　阿富汗　x，37，92

Agamben, Giorgio　乔吉奥·阿甘本
118

Agger, Ben　本·阿格尔　102

"Al Qaeda Seven"　基地组织七号营
109

American Enterprise Institute　美国企业
研究所　89

American Psychology Association　美国
心理学协会　55

Angle, Sharron　沙龙·安格尔　25

Anschultz, Philip　菲利普·安舒尔茨
16

Anti-Intellectualism　反智主义　7，63，
79，100－102，105，109，113

Anti-Intellectualism in American Life　美
国人生活中的反智主义　110

Arendt, Hannah　汉娜·阿伦特　51，
113

Argos University Dallas　阿格斯大学达
拉斯分校　55

Arizona　亚利桑那州　14，33，39，
40，81

Aronowitz, Stanley　斯坦利·阿罗诺维
茨　64，106，118，119

Bachmann, Michele　米歇尔·巴赫曼
15

Baillargeon, Stéphane　斯蒂芬·贝拉
吉翁　105

Baldwin, James　詹姆斯·鲍德温　3，
11，13，14，100

Bank of America　美国银行　38

Bauman, Zygmunt　齐格蒙特·鲍曼
29，56，120

Beck, Glenn　格林·贝克　109，110

"Billionaire Boys' Club"　亿万富翁俱乐
部　21

Black, Cathleen P.　凯瑟琳·P·布莱
克　89－92，94，95，96，117，118

Black, William　威廉·布莱克　51

Bloomberg, Mayor Michael　迈克尔·布隆伯格　33，89，90，91—97，117

Bloomberg. com　彭博网站　53

Bloomberg News　《彭博新闻》　56

Bonhoeffer, Dietrich　迪特里希·朋霍费尔　10

Bookchin, Murray　默里·布克钦　103

Boudieu, Pierre　皮埃尔·布迪厄　11，14，107，109

Bridgepoint Education, Inc.　博桥教育公司　53

Brown v. Board of Education　布朗诉教育委员会案　61

Brown, Wendy　温迪·布朗　39

Bush, President George H. W.　老布什总统　59

Bush, President George W.　小布什总统　102

Bush, Governor Jeb　杰布·布什州长　33

Bush administration　布什政府　14，50，62

Butler, Judith　朱迪斯·巴特勒　102，103

Capitalism, casino. See Casino capitalism　赌场资本主义

Cartel, The　《卡特尔》　17

Casino capitalism　赌场资本主义

　　and anti-reformers　反改革者　17

　　and economic divide　经济分裂　32

　　and for profit education　为了利润的教育　54

　　and Madoff, Bernie　伯纳德·麦道夫　41

　　and political literacy　政治素养　44

　　power brokers of　权力掮客　18

　　protest against　反对赌场资本主义的抗议活动　33，34，35

　　and teacher layoffs　教师下岗　30

　　see also Duncan, Arne；"Race to the Top"；Reich, Robert；Rich, Frank；*Waiting for Superman*

Central Falls High School　也见阿恩·邓肯、争上游竞赛、罗伯特·瑞克、弗兰克·瑞克、《等待超人》、中央瀑布高中　74

Charter schools. See under Schools　特许学校，参见"学校"

Cheney, Liz　里兹·切尼　109

Chomsky, Noam　诺姆·乔姆斯基　101，106，107

Christie, Governor Chris　克里斯·克里斯蒂州长　22，23

Civil rights　民权　13，42，77

Civil Rights Movement　民权运动　64

Clarity　清晰性　100，102，103，104，105，108—114

Clark, Andrew　安德鲁·克拉克　53

Clark, David L.　大卫·L·克拉克　18

Clementi, Tyler　克莱门提·泰勒　26

Clifford, Michael　迈克尔·克利福德　53，54

College Inc. 《学院公司》 53，54，56

Culture of cruelty 残酷文化 13，14，15-16，25，26

Darwinism, economic 经济达尔文主义 23，33，34，101

Davis, Angela 安吉拉·戴维斯 106，107

DeVry, Inc. 迪弗莱公司 53

Dewey, John 约翰·杜威 1

Discourse of Humiliation 羞辱话语 15，16

Douzina, Costas 科斯塔·杜兹纳 34

D'Souza, Dinesh 迪内希·德·索萨 108

Du Bois, W. E. B. 杜波依斯 3

Dumenil, Gérard 杰拉尔德·杜梅尼尔 34

Duncan, Arne 阿恩·邓肯

  and casino capitalism 赌场资本主义 53

  as charter school advocate 特许学校支持者 59，60

  consequences of policies of 政策后果 62-65

  and critical pedagogy 与批判教育学 68

  and funding schools 资助学校 30

  lack of vision/moral direction 缺乏眼光/道德方向 73，74

  and loan scam and default rate 贷款骗局和违约率 56，57

  and market-driven reforms 市场驱动下的改革 35，36，41-43，49，51，69，74，75

  and teaching 教学 66，67，75-77，79

  see also Critical pedagogy; Neoliberalism; "Race to the Top"; Steiner, David M. 也见批判教育学、新自由主义、争上游竞赛、大卫·斯坦纳

Eagleton, Terry 特里·伊格尔顿 17

Edelstein, Charles 查尔斯·埃德斯坦 54

Education, public 公共教育

  and charter schools 特许学校 61

  creating citizens 创造公民 6，7

  and democratic values 民主价值观 9，10

  disdain for 蔑视 117

  and the economic crisis 经济危机 35

  language to understand 理解的语言 6

  and neo-liberalism 新自由主义 32，33，50，53，60

  and privatization 私有化 57

  see also Black, Cathleen P.; Duncan, Arne; Gates, Bill; Hayes, Chris; Leopold, Les; Smarick, Andy; Teachers; *Waiting for Superman* 也见凯瑟琳·布莱克、阿恩·邓肯、

比尔·盖茨、克里斯·海伊斯、莱斯·列奥普尔德、安迪·斯马里克、教师、《等待超人》

Education Management 教育管理 53

"Education Nation" 教育国家 19

Education Trust 教育信托 54

European Union（EU） 欧盟 31, 34

Faust, Drew Gilpin 德鲁·吉尔平·福斯特 54, 76

Finn, Chester 切斯特·芬恩 109

Fish, Stanley 斯坦利·费希 86, 87, 99

Florida 佛罗里达 4, 5, 7, 33

Foucault, Michel 米歇尔·福柯 24

Fox News 福克斯新闻 15, 32

Friere, Paulo 保罗·弗莱雷 116, 118–23

Frémaux, Anne 安妮·弗瑞默 38

Frontline 前线 53

Gates, Bill. See also Gates Foundation, The 比尔·盖茨, 也见盖茨基金会 4, 16, 17, 18, 20, 22, 94, 95

Gates Foundation, The 盖茨基金会 58

Gekko, Gordon 戈登·盖柯 43

General Electric 通用电气 38

Golden, Daniel 丹尼尔·戈登 56

Goldstein, Dana 达娜·戈德斯坦 20

Gonzalez, Juan 胡安·冈萨雷斯 58

Goodman, Amy 阿米·古德曼 58

Gordon, Lewis 刘易斯·戈登 106

Greece 希腊 29, 30, 31, 33–35, 44

Gregorian, Vartan 范登·格利高里 77, 78

Hall, Stuart 斯图亚特·霍尔 49, 80

Hancock, Lynn 林恩·汉考克 92

Harvard University 哈佛大学 54, 76

Harvey, David 大卫·哈维 58

Hayes, Chris 克里斯·海伊斯 7

Hofstadter, Richard 理查德·霍夫斯塔特 110

Horne, Tom 汤姆·霍恩 81

Huckabee, Mike 迈克·哈克比 25

Hunter College 亨特学院 94

Illinois School of Health Careers 伊利诺伊州卫生学校 55

Intellectuals, public and accessibility 公共知识分子和通俗易懂 100, 101, 104, 106, 110, 112, 114

contemporary 当今的 106, 107

demise of 溃败 99

historical 历史的 104

and role of academics 学者的角色 100, 108

teachers as 教师作为知识分子 1, 6, 8, 10, 83

and the U.S. Media 与美国媒体 31

see also Duncan, Arne; Jacoby, Russell; Said, Edward; Steinner, David M. 也见阿恩·邓肯、拉塞尔·雅各比、爱德华·萨义德、大卫·斯坦纳

International Monetary Fund（IMF） 国际货币基金组织 30，31，34

Iraq 伊拉克 x，14，37

Jacoby, Russell 拉塞尔·雅各比 102，103，106

Jacoby, Susan 苏珊·雅各比 110

Jefferson, Thomas 托马斯·杰斐逊 51，110

Kaplan University 卡普兰大学 56

Keller, Dennis 丹尼斯·凯勒 53

Klein, Joe 乔·克莱恩 90

Knutson, Robert B. 罗伯特·B·纳森 53

Kristol, Bill 比尔·克里斯托尔 109

Krugman, Paul 保罗·克鲁格曼 7

Last Intellectuals, The 《最后的知识分子》 103

Leopold, Les 莱斯·列奥普尔德 23，38

Levine, Arthur 阿瑟·列文 95

Limbaugh, Rush 拉什·林堡 25，26

Lottery, The 《彩票》 17

Madoff, Bernie 伯纳德·麦道夫 41，51

McCarthyism 麦卡锡主义 110

McJobs 低技能工作 9

Medicare 医疗保险 15

Miami-Dade County 迈阿密达德县 4

Michigan 密歇根 7，29

Mills, C. Wright 莱特·米尔斯 51，103

Mooney, Gerry 加里·莫尼 92

Murdoch, Rupert 鲁伯特·默多克 118

Murray, Charles 查尔斯·默利 60－61，108

Nasirian, Barmak 巴马克·纳西里安 56

Nation, The 《国家》 7，23，28n18

National Rifle Association 美国步枪协会 110

NBC 美国全国广播公司 19，22

Neoliberalism 新自由主义

and charter schools 特许学校 60

and corporate interests 企业利益 17，50，93

goal of 目标 15，16

and Greek protests 希腊抗议 31，33，34，35

and pedagogy 教学法 22

and public education 公共教育 32，33，37，89

and teacher layoffs 教师下岗 30

see also Black, Cathleen P.; Bloomberg, Michael; Ducan, Arne; Fish, Stanley; Freire, Paulo; Murray, Charles; Rhee, Michelle; Reich, Robert; Steiner, David M. 也见凯瑟琳·布莱克、迈克尔·布隆伯格、阿恩·邓肯、查尔斯·默利、米歇尔·李、罗伯特·瑞克、大卫·斯坦纳

Newfield, Christopher 克里斯托弗·纽菲尔德 49

New Jersey 新泽西 22, 23, 30, 38

New Markets Tax Credit 新市场税收信贷计划 18

New York Daily News 《纽约每日新闻》58, 91

New York Time, The 《纽约时报》

on Glenn Beck 论格林·贝克 109

and Black appointment 布莱克的任命 89, 90, 91, 92, 95, 117

on hedge fund managers 论对冲基金经理 57

murray, Charles, in 查尔斯·默利 60

and David Steiner 大卫·斯坦纳 83, 93

Nexus Conference 核心研究院会议 81

Nussbaum, Martha C. 玛莎·纳斯鲍姆 77, 95, 102－103

Obama, President Barack. See also Duncan, Arne 巴拉克·奥巴马, 也见阿恩·邓肯 15

Obama administration. See Duncan, Arne 奥巴马政府, 也见阿恩·邓肯

Obama/Duncan. See Duncan, Arne 奥巴马/邓肯, 也见阿恩·邓肯

Obama, Michelle 米歇尔·奥巴马 95

O'Reilly, Bill 比尔·欧瑞利 109

Paladino, Carl 卡尔·帕拉迪诺 25

Palin, Sarah 萨拉·佩林 110

Parnell, Denise 丹尼斯·帕奈尔 55

Partisan Review, The 《党派评论》103

Pedagogy, critical 批判教育学 66－69, 75, 81－84, 86, 87, 116－121

Pedagogy of the Oppressed 《被压迫者教育学》116

Pew Research Center 皮尤研究中心 54

Philadelphia Inquirer 《费城问询者》59, 60

Philosophy and Literature 《哲学与文学》102

Politics of humiliation 羞辱政治 13, 14, 16, 24, 26

Pollin, Robert 罗伯特·波林 23

Price, David 大卫·普莱斯 5

Public education. See Education, public 公共教育

Public intellectuals. See Intellectuals, public 公共知识分子

Pushed Out 《被推出去》77

"Race to the Top" 争上游竞赛 41, 43, 49, 62, 64

Ravitch, Diane 狄安·拉维奇 20, 27–28, 59

Reagan, Ronald 罗纳德·里根 101

Reich, Robert 罗伯特·瑞克 36–41

Rhee, Michelle 米歇尔·李 24, 91

Rich, Frank 弗兰克·瑞克 30, 40

Rules, mandatory 强制性规则 3

Ryan, Paul 保罗·瑞安 15

Said, Edward 爱德华·萨义德 106, 107, 108

Saltman, Ken 肯尼斯·萨尔曼 58, 60

Scialabba, George 乔治·斯夏莱巴 108

Schools charter 特许学校

and gentrification 改造 50

and politics of disposability 抛弃政治 18, 19

promotion of 推广 61, 91

and profit 利润 18, 39, 53, 57–60, 117

as democratic public spheres 作为民主的公共空间 6, 8, 10, 36, 38, 39, 65

see also Duncan, Arne; Murray, Charles; Steiner, David M.; *Waiting for Superman* 也见阿恩·邓肯、查尔斯·默利、大卫·斯坦纳、《等待超人》

Senate Bill 参议院法案 6, 4–6

Silberman, Robert 罗伯特·希尔伯曼 53

Skoll, Jeff 杰夫·斯科尔 16

Slouka, Mark 马克·斯鲁卡 9

Smarick, Andy 安迪·斯马里克 57, 58

Sperling, John 约翰·斯波灵 56

Sperling, Peter 彼得·斯波灵 53

Steiner, David M. 大卫·斯坦纳 68, 79, 80–84, 89, 90, 91–95

Strayer Education Inc. 斯特雷耶教育公司 53

Students 学生

British 英国 17

as critical agents 能动的批判者 1, 4, 6–9, 44, 65, 67, 68, 95–96

and loans 贷款 53, 54, 55, 56

paying 支付 24, 52, 74

poor and minority 穷人和少数民族 2, 9, 54, 56, 82

protests 抗议 29, 30

punishment of 惩罚 3, 11, 14, 94

recruitment of 招收 55

rights 权利 12

underperforming 表现不佳 18

see also Critical pedagogy; Duncan, Arne; Teachers; Testing, *Waiting for Superman* 也见批判教育学、阿恩·邓肯、教师、测试、《等待超人》

Subprime Opportunity 次贷机会 54

Taibbi, Matt 马特·泰比 74
Tax deductions 减税 18
Taylor, Ronald 罗纳德·泰勒 53
Teachers 教师
  attacks on 攻击教师 33
  and collective bargaining rights 集体协商权 7
  and creativity 创造性 3, 4
  defense of 为教师辩护 6, 7, 10-12, 36
  demonization of 妖魔化 24, 25
  devaluing of 贬低 2-5, 7, 8, 10, 11, 66
  education programs 教育项目 76, 80-84
  exploitation of 剥削 59
  as intellectuals 作为知识分子 6, 10, 11, 66, 95
  layoffs 下岗 29, 30, 35, 36
  and public service 公共服务 2
  salaries 薪水 21, 33
  as scapegoats 替罪羊 2, 24
  as technicians 技师 63, 66, 67, 76, 118
  as testing 考试 2, 4, 5, 19, 20, 43, 52
  tradition of 传统 1
  and unions 工会 2, 5, 7, 16, 33, 39, 41, 74
  as "Welfare Queens" 福利女王 2
  see also Darwinism, economic; Duncan, Arne; Florida Senate Bill 6; Gates, Bill; New Jesey; Public Intellectuals; Reich, Robert; Steiner, David M.; Testing; *Waiting for Superman* 也见经济达尔文主义、阿恩·邓肯、佛罗里达参议院法案6、比尔·盖茨、新泽西、公共知识分子、罗伯特·瑞克、大卫·斯坦纳、测试、《等待超人》
Teachers as Intellectuals 《作为知识分子的教师》 6
Tea Party 茶叶党 7, 23
Tepper, David 大卫·泰珀 38
Testing 测试
  as an end 作为目标 4
  high-stakes 高利害 50, 63, 64
  and Senate Bill 6 参议院6号法案 4, 5
  standardized 标准化 22
  and teachers 教师 2
  tyranny of 测试独裁 5
  as ultimate measure of learning 评估学习的终极手段 50
  see Also Black, Cathleen P.; Duncan, Arne; "Race to the Top"; Steiner, David M.; Teachers 也见凯瑟琳·布莱克、阿恩·邓肯、"争上游竞赛"、大卫·斯坦纳、教师
Texas Board of Education 得克萨斯教育委员会 110
Thomas B. Fordham Institute 福特汉姆

研究会 57

Thompson, Jeffery 杰弗里·汤普森 23

Unions. See under Teachers 工会，参见教师

University of California, Los Angeles 加利福尼亚州大学洛杉矶分校 65

University of Phoenix 凤凰城大学 19, 53, 54, 55, 56

Wacquant, Loic 罗克·华康德 34

Waiting for Superman 《等待超人》 17, 19, 20

Walker, Governor Scott 司各特·沃克州长 x, xi, 7, 23

Walsh, Seth 赛思·沃尔什 26

Walton Family Foundation 沃尔顿家族基金会 20, 59

Welch, Jack 杰克·韦尔奇 95

"Welfare Queens" 福利女王 2

Williams, Brian 布瑞安·威廉斯 22

Wilson, Edmund 埃德蒙德·威尔逊 103

Wisconsin 威斯康星 7, 23

World Bank 世界银行 30

Youth in a Suspect Society 《怀疑社会的青年》 78

Zero tolerance 零宽容 14, 64

Zimper, Nancy 金兰溪 54

Žižek, Slavoj 斯拉沃热·齐泽克 106

专有名称译名对照表

人名译名对照表

阿米·古德曼　Amy Goodman

阿恩·邓肯　Arne Duncan

阿瑟·列文　Arthur Levine

爱德华·萨义德　Edward Said

埃德蒙德·威尔逊　Edmund Wilson

安德鲁·克拉克　Andrew Clark

安德鲁·罗森汉姆　Andrew Rotherham

安迪·斯马里克　Andy Smarick

安吉拉·戴维斯　Angela Davis

安妮·弗瑞默　Annne Fremaux

安托瓦内特·索莫　Antoinette Somo

巴马克·纳西里安　Barmak Nassirian

保罗·弗莱雷　Paulo Freire

保罗·克鲁格曼　Paul Krugman

保罗·瑞安　Paul Ryan

本·阿格尔　Ben Agger

彼得·斯波灵　Peter Sperling

比尔·盖茨　Bill Gates

比尔·克里斯托尔　Bill Kristol

比尔·欧瑞利　Bill O'Reilly

波尔布特　Pol Pot

伯纳德·麦道夫　Bernie Madoff

布鲁斯·科尔曼　Bruce Korman

布瑞安·威廉斯　Brian Williams

查尔斯·埃德斯坦　Charles Edelstein

查尔斯·狄更斯　Charles Dickens

查尔斯·默利　Charles Murray

大卫·柏林格　David Berliner

大卫·哈维　David Harvey

大卫·克拉克　David L. Clark

大卫·普莱斯　David Price

大卫·斯坦纳　David Steiner

大卫·泰珀　David Tepper

戴维斯·古根海姆　Davis Guggenheim

丹尼尔·戈登　Daniel Golden

丹尼斯·凯勒　Dennis Keller

丹尼斯·帕奈尔　Denise Parnell

丹塔·戈德斯坦　Danta Goldstein

道格·尼克　Doug Nick

德鲁·吉尔平·福斯特　Drew Giplin Faust

狄安·拉维奇　Diane Ravitch

狄克·切尼　Dick Cheney

迪内希·德·索萨　Dinesh D'Souza

迪特里希·朋霍费尔　Dietrich Bonhoeffer

杜伯伊斯　W. E. B. Du Bois

多纳尔多·马塞多　Donaldo Macedo

范登·格利高里　Vartan Gregorian

菲利普·安舒尔茨　Philip Anschultz

弗兰克·瑞克　Frank Rich

弗雷德里克·海斯　Frederick Hess

弗洛姆　Fromm

戈登·盖柯　Gordon Gekko

格蕾丝·帕洛克　Grace Pollock

格林·贝克　Glenn Beck

汉娜·阿伦特　Hannah Arendt

吉奥乔·阿甘本　Giorgio Agamben

加里·莫尼　Gerry Mooney

简·亚当斯　Jane Addams

杰布·布什　Jeb Bush

杰夫·斯科尔　Jeff Skoll

杰弗里·汤普森　Jeffrey Thompson

杰克·韦尔奇　Jack Welch

杰拉尔德·杜梅尼尔　Gerard Dumenil

金·卡戴珊　Kim Kardashian

金兰溪　Nancy Zimpher

卡尔·帕拉迪诺　Carl Paladino

卡罗尔·贝克　Carol Becker

卡洛琳·莱维斯　Carolyn Levis

凯瑟琳·布莱克　Cathleen P. Black

凯特·沃什　Kate Walshe

凯特·泽尼克　Kate Zernike

凯提·科里克　Katie Couric

克里斯·海伊斯　Chris Hayes

克里斯·克里斯蒂　Chris Christie

克里斯·库齐纳　Chris Kurchner

克里斯托弗·鲁宾斯　Christopher Robbins

克里斯托弗·纽菲尔德　Christopher Newfield

克罗尼斯·波利克朗涅　Chronis Polychroniou

科斯塔·杜兹纳　Costas Douzinas

肯尼斯·萨尔曼　Ken Saltman

拉瑞·萨默斯　Larry Summers

拉塞尔·雅各比　Russell Jacoby

拉什·林堡　Rush Limbaugh

莱斯利·撒切尔　Leslie Thatcher

莱斯·列奥普尔德　Les Leopold

莱特·米尔斯　C. Wright Mills

劳伦斯·哈特　Lawrence Hart

劳伦斯·萨默斯　Lawrence Summers

理查德·霍夫斯塔特　Richard Hofstadter

理查德·桑内特　Richard Sennett

里兹·切尼　Liz Cheney

林恩·汉考克　Lynn Hancock

刘易斯·戈登　Lewis Gordon

鲁伯特·默多克　Rupert Murdoch

罗伯特·纳森　Robert B. Knutson

罗伯特·波林　Robert Pollin

罗伯特·瑞克　Robert Reich

罗伯特·希尔伯曼　Robert Silberman

罗纳德·泰勒　Ronald Taylor

罗伊茨·华康德　Loic Wacquant

马克·斯鲁卡　Mark Slouka

玛利亚·赖特·埃德尔曼　Marian Wright Edelman

马萨·诺斯鲍姆　Martha C. Nussbaum

玛雅·萨巴多斯　Maya Sabados

玛雅·施纳沃尔　Maya Schenwar

马特·泰比　Matt Taibbi

迈克尔·布隆伯格　Michael Bloomberg

迈克尔·戴森　Miachael Dyson

迈克尔·卡津　Michael Kazin

迈克尔·克利福德　Michael Clifford

迈克·哈克比　Mike Huckabee

米歇尔·奥巴马　Michelle Obama

米歇尔·巴赫曼　Michele Bachmann

米歇尔·福柯　Michel Foucault

米歇尔·李　Michelle Rhee

默里·布克钦　Murray Bookchin

诺姆·乔姆斯基　Noam Chomsky

皮埃尔·布迪厄　Pierre Bourdieu

齐格蒙特·鲍曼　Zygmunt Bauman

斯拉沃热·齐泽克　Slavoj Žižek

乔·克莱恩　Joe Klein

乔纳森·考泽尔　Jonathan Kozol

乔治·斯夏莱巴　George Scialabba

切斯特·芬恩　Chester Finn

司各特·胡恩　Scott Huehn

司各特·沃克　Scott Walker

萨布哈希·迪格赫　Subhash Dighe

萨拉·佩林　Sarah Palin

赛思·沃尔什　Seth Walsh

沙龙·安格尔　Sharron Angle

斯蒂芬·贝拉吉翁　Stephane Baillargeon

斯坦利·阿诺维茨　Stanley Aronowitz

斯坦利·费希　Stanley Fish

斯图尔特·霍尔　Stuart Hall

苏珊·罗森　Susan Rozen

苏珊·希尔斯·吉鲁　Susan Searls Giroux

苏珊·雅各比　Susan Jacoby

苏珊尼·克罗斯塔　Suzanne Crosta

泰勒·克莱门提　Tyler Clementi

汤姆·弗里德曼　Tom Friedman

汤姆·霍恩　Tom Horne

唐纳德·马塞多　Donaldo Macedo

特里·伊格尔顿　Terry Eagleton

图鲁·奥罗兰大　Tolu Olorunda

托马斯·杰斐逊　Thomas Jefferson

托尼·潘恩纳　Tony Penna

维多利亚·哈伯　Victoria Harper

威廉·布莱克　William Black

温迪·布朗　Wendy Brown

约翰·杜威　John Dewey

约翰·斯波灵　John Sperling

詹姆斯·鲍德温　James Baldwin

詹妮弗·费舍尔　Jennifer Fisher

朱迪斯·巴特勒　Judith Butler

地名译名对照表

罗德岛　Rhode Island

道纳斯·格罗夫　Downers Grove

图森市　Tucson

文献名译名对照表（文献指正文中以汉语译名出现的书籍、论文、刊物、报纸等）

《安德森·库伯秀》　*Anderson Cooper Show*

《奥普拉脱口秀》　*The Oprah Winfrey Show*

《被推出去》　*Pushed Out*

《被压迫者教育学》　*Pedagogy of the Oppressed*

《不方便的真相》　*An Inconvenient Truth*

《彩票》　*The Lottery*

《党派评论》　*The Partisan Review*

《等待超人》　*Waiting for Superman*

《读者文摘》　*Reader's Digest*

《高等教育记事》　*The Chronicle of Higher Education*

《国家》　*The Nation*

赫斯特报系　Hearst Magazines

《赫斯特杂志》　*Hearst Magazines*

黑人歧视法　the Jim Crow

《怀疑社会的青年》　*Youth in a Suspect Society*

"基地组织七号营"　the Al Qaeda Seven

《教育的政策未来》　*Policy Futures in Education*

《卡特尔》　*The Cartel*

《每个教室的合格老师》　*A Qualified Teacher in Every Classroom*

《美国非理性时代》　*The Age of American Unreason*

《美国人生活中的反智主义》　*Anti-Intellectualism in American Life*

纽约电视台　WABC News

《纽约每日新闻》　*New York Daily News*

《纽约时报》　*the New York Times*

《彭博新闻》　*Bloomberg News*

《旗帜周刊》　*The Weekly Standard*

《前线》　*Frontline*

《时代周刊》　*Time*

挖掘真相　Truthout

异议者　Dissent

《哲学与文学》　*Philosophy and Literature*

《周六夜现场》　*Saturday Night Live*

《自然状态》　*State of Nature*

《最后的知识分子》　*The Last Intellectuals*

《作为知识分子的教师》　*Teachers as Intellectuals*

机构名称译名对照表

阿格斯大学达拉斯分校　Argos University-Dallas

阿帕卢萨马对冲基金　Appaloosa

安然公司　Enron

博桥教育公司　Bridgepoint Education Inc.

布罗德基金会　Broad Foundation

布朗大学　Brown University

德里克商学院　Drake College of Business

迪弗莱公司　DeVry Inc.

核心研究院　Nexus Institute

卡普兰大学　Kaplan University

美国国际集团　AIG

美国国家广播公司　NBC

彭博网站　Bloomberg.com

皮尤研究中心　Pew Research Center

全国步枪协会　the National Rifle Association

珊瑚礁中学　Coral Reef

斯特雷耶教育公司　Strayer Education Inc.

福特汉姆研究所　Thomas B. Fordham Institute

英国石油公司　BP

中央瀑布高中　Central Falls High School

译后记

　　译者最早翻译亨利·吉鲁教授的文章始于 2010 年 11 月。译者对《反思作为自由实践的教育》①（即本书第 8 章的部分内容）中表现出的正义感和热情以及他犀利的文笔和发人深省的观点印象深刻。此后，译者就特别留心他的文章和他作为创办人之一的媒体"挖掘真相"（Truthout）。2011 年 2 月译者曾致函亨利·吉鲁教授，询问将他的一篇文章收录到译者编译的《论公共知识分子》一书中的可能性，他愉快地答应了。他的《新自由主义政治学的失败：年轻人和高等教育的危机》发表在《复旦教育论坛》后还被人大复印报刊资料《政治学》2011 年第 12 期全文转载，说明文章产生了一定的影响力。② 随后译者又翻译过他的两篇文章，发表在译者任职的大学学报上。③ 此后作者就常常将他最新发表的文章寄给译者，由此形成了比较稳定的合作关系。因为翻译的文章多了，作者为表示感谢，答应送两本书作为礼物，让译者从其近期著作清单中挑选。译者在2013 年收到两本赠书《教育与公共价值的危机》和《青年的反抗》。这

---

　　① Henry A. Giroux, "Rethinking Education as the Practice of Freedom: Paulo Freire and the Promise of Critical Pedagogy," *Nonformality*, 2010-02-05.

　　② Henry A. Giroux, "Neoliberal Politics as Failed Sociality: Youth and the Crisis of Higher Education," in *Logos Journal*, 2011. 中译《新自由主义政治学的失败：年轻人和高等教育的危机》，载《复旦教育论坛》，2011 年第 5 期（人大复印报刊资料《政治学》，2011 年第 12 期）。

　　③ Henry A. Giroux, "Beyond the Limits of Neoliberal Higher Education: Global Youth Resistance and the American/British Divide," *Truthout*, 2011-11-07. 中译《超越新自由主义高等教育的边界》，载《武汉科技大学学报》（社会科学版），2012 年第 3 期。Henry A. Giroux, "The New Extremism and Politics of Distraction in the Age of Austerity," *Truthout*, 2013-01-22. 中译《紧缩时代的新极端主义和干扰政治》，载《武汉科技大学学报》（社会科学版），2013 年第 3 期。

就是翻译此书的由来。

《教育与公共价值的危机》是亨利·吉鲁教授一本关于教育论述的专著，主要探讨了公共价值观从民主到市场的转变和公立教育遭到的围攻。在吉鲁教授看来，新自由主义和保守主义指导下的教育改革使得教育彻底商业化、工具化和受私人利益支配。教育被视为与思考、阅读和社会联系没有任何关系的东西，作为构成性文化和民主价值观核心内容的批判性和解放性被抑制。学校变成一种产业，特许学校实际上就是作为公司来经营的，其强调私有化、外包、竞争、标准化考试、纪律和量化考核等监狱式管理和死记硬背的教学法，无不体现着追求自我物质利益、自由竞争等市场极端主义价值观。教师的技能和目的受到损害，其创造性和自由行动的空间被剥夺，成为遭受羞辱的对象和替罪羊。学生被边缘化，变成政治上顺从、技术上熟练的劳动者，不会分析批判，不会将个人问题与社会联系起来，不关心公共价值和集体利益，热衷个人需要和物质享受。吉鲁教授认为教育不能忽略政治问题，教育改革必须联系权力、读写能力、经济文化和民主危机等大背景因素，将培养批判意识和推动社会行动的构成性文化作为教学法的核心。公立教育是公共利益，教师应该成为既能用明白的语言阐述重大社会问题又不牺牲理论冲击力的公共知识分子，学生应该成为有热情、有勇气、有批判能力的民主社会公民。

作为西方马克思主义左派，亨利·吉鲁教授是身经百战的积极分子，虽然屡遭排挤和迫害，被迫流亡加拿大，但他仍然试图抓住正在消失的传统，为公立教育和民主文化呐喊，不愧为"著名教育理论家"和"孤独的斗牛士"。亨利·吉鲁教授非常推崇保罗·弗莱雷的批判教育学。他认为教育应该被理解为公民的、政治的、道德的深度实践，即教育就是践行自由。教育从来不是中性的。它总是具有指导性，旨在教育学生具有某种人性，以具体的方式使学生理解更大的世界和他们在世界中的角色，定义他们与其他各色人等的关系和责任。教育的政治使命是"让已经熄灭的正义之光在我们心中重新点亮，并永远长存"①。

---

① Henry A. Giroux, "Rethinking Education as the Practice of Freedom: Paulo Freire and the Promise of Critical Pedagogy".

吉鲁教授在另外一篇文章中深刻阐述了教育的本质。他引用富有传奇色彩的美国黑人作家和民权运动积极分子詹姆斯·鲍德温的名言——"教育的悖论之一是：恰恰在你开始拥有良心时，发现自己与社会存在分歧。如果你自认为是个受过教育的人，你的责任就是改造社会"。鲍德温认识到学习会激发批判性地反思自我、他人和更大的社会，教育不仅仅是支配的方法或者工具，而且是一种政治和民主社会变革的支点。① 培养能够采取行动的、具有批评能力的、负责任的公民，正是实质民主的教育目标。教育的重要性不在于它为学生提供批判性读书或引用最时髦理论家的话语的场地，而在于教会学生进行批判性思考，并把所学习的内容与民主信念结合起来。教育就是让人们学会如何管理而不是被人管理，让人拥抱一种积极行动的集体意识。教育并不处于政治的边缘，它在政治的中心。诚如南非黑人领袖曼德拉所说："教育是你能用来改变世界的最强大武器。"② 这与斯图亚特·霍尔的名言不谋而合："政治即教育，政治是改变人们看待事物的方式。"激进民主的核心是批判性教育和共同体建设。③

正是这种教育观使吉鲁教授认定美国教育和公共价值观陷入了危机，美国公众正遭遇教育赤字。他的意思是人们已经越来越没有能力进行批判性的思考、质疑权威、反思自我、甄别证据、区分理性论证和随意观点、听取不同意见、参与相互促进的私人问题和公共关系议题的讨论。他认为当前的教育赤字及其引发的文盲文化泛滥的最严重后果之一就是新自由主义谎言意识形态，即鼓吹自由市场体系是确保人类自由和维护民主的唯一机制的神话。它通过游戏、电视、明星文化、日常新闻、电台脱口秀和其他媒介传播其价值观。这样的世界只尊重狭隘的私人利益、孤立竞争的个人、金融资本、商品至上以及自由市场极端主义的所谓"自然"法则。这种涡轮资本主义连同破坏性地宣扬其合法性的文化机构不仅摧毁了公共

---

① See Henry A. Giroux, "Beyond the Politics of the Big Lie: The Education Deficit and the New Authoritarianism," *Truthout*, 2012-06-19.

② Henry A. Giroux, "Cultures of Violence in the Age of Casino Capitalism," *Truthdig*, 2013-12-19.

③ See Henry A. Giroux, "The Violence of Organized Forgetting", *Truthout*, 2013-07-22.

利益，而且掏空了民主的一切实质内容，从而使专制政治和文化变成可接受的选择。①

那么，新自由主义到底是什么？它有哪些特征？对教育产生的具体危害有哪些呢？亨利·吉鲁教授在几次采访中对这些问题作出了简要回答。他说，新自由主义有很多形式，但这些形式拥有一些共同的特征。新自由主义不仅是掠夺型资本主义的最新阶段，而且是恢复阶级权力、巩固资本，尤其是金融资本快速集中的成果的更大工程的组成部分。更具体地说，它是构成意识形态、管理模式、公共教学法政策和形式的政治和经济工程。作为意识形态，它把获利作为民主的核心，消费是公民唯一可用的操作形式，坚持认为市场不仅能解决所有问题而且可以作为塑造所有社会关系的框架模式。它充斥着自我帮助、个人责任等语言，故意对权力、财富和收入的不平等视而不见，并把这些归结于个人和群体的命运问题。为此，它嘲笑同情心和关心他人等观念。作为管理模式，它产生了适者生存、优胜劣汰法则驱动下的生活方式、身份认同和主题，其思想基础是个人都是自由和贪婪的，相信统治集团和机构有积累财富的权利，同时摆脱伦理问题和社会成本的羁绊和麻烦。作为政策和政治工程，新自由主义执着于公共服务的私有化，割裂私人议题和公共问题之间的联系，廉价出售国家功能，取消政府对金融机构和公司的管制，取消福利国家和工会，实现商品贸易和资本投资的自由化以及整个社会的市场化和商品化。作为公共教学法形式，新自由主义把人生各个维度都置于市场理性之下。结果是为激烈竞争的文化辩护，发动对那些质疑资本统治和意识形态的公共价值观和公共空间的攻击，削弱和破坏民主团结与合作的基础，打击所有形式的社会义务和联络。②

新自由主义相信私有化是一切人际关系的本质。新自由主义竭尽全力地消除人们对公共价值观和公共信任的投入。作为真民主的对立面，新自

---

① See Henry A. Giroux, "Beyond the Politics of the Big Lie: The Education Deficit and the New Authoritarianism".

② See Henry A. Giroux, Victoria Harper, "Neoliberalism, Democracy and the University as a Public Sphere," *Truthout*, 2014-04-22.

由主义加剧不平等、滋生特权、导致贫富差距和分裂，并陶醉在炮制残酷场面的大剧场之中。新自由主义提出一种被包装在自由主义和选择外壳内的虚假自由观念，这样一来所有问题都被简化为个人问题，意思是不管人们遭遇了什么问题，理解问题的唯一方法是通过个人责任、性格特征和自我恢复能力等狭隘的棱镜。因此，性格和个人责任等话语就变成了避免人们看到事实真相的烟雾，使人们无法认清个人困境与更大的社会和系统问题之间的联系。① 新自由主义把公共议题变成私有利益，把民众定义为消费者，认定人人都是潜在的恐怖分子。而且，新自由主义信徒将整个社会军事化和商业化，把年轻人看作利润之源，把教育定义为职业培训，破坏福利国家，支持战争国家，把民主定义为资本的同义词。②

新自由主义作为主流意识形态对美国社会和高等教育造成的危害是多方面的和灾难性的。经济达尔文主义信徒在美国内外发起了两场战争，一场是反社会福利的战争，一场是反高等教育的战争，前者是为了让有钱有势者彻底控制社会财富和收入，后者则是通过文化机制占领意识形态阵地。两者相互协作，旨在把解决社会问题的思想领域变成政治荒原。③

首先，财政紧缩导致的资金缺乏让学生陷入学费飙升的陷阱，一方面减少了贫穷学生上大学的可能性，另一方面迫使现有学生进入思想和道德的死角。他们的想象力被剥夺，被迫纯粹从生存技巧方面思考自己的人生和职业发展。其次，当今对高等教育尤其是人文科学的特殊威胁在于大学公司化和军事化的步伐越来越快。这种趋势取消了学术自由，临时性的兼职教师越来越多，使用暴力镇压学生的和平抗议，基本上把学生看作消费者，把老师看作提供可出售的商品如毕业证书和就业技能的人。特别令人担忧的是针对教师的战争和基于企业管理模式强行管理大学的尝试，加上以应付考试为目的的狭隘教育体制和严厉的学科控制体系，教师越来越多

① See Henry A. Giroux, "On the Rise of Neoliberalism," *Truthout*, 2014-10-19.

② See Henry A. Giroux, "Thinking Dangerously in an Age of Political Betrayal," *Truthout*, 2014-07-14.

③ See Henry A. Giroux, "Neoliberal Politics as Failed Sociality: Youth and the Crisis of Higher Education".

地被贬低为纯粹的技术人员，因为他们已经越来越多地失去了对课堂教学和学校管理的控制权。应试教育和教育产业化变成了"驯服"学生、激发产业管理模式的方式。大学教师被贬低为没有权利和安全感的兼职帮手，变成像沃尔玛超市员工一样的打工仔，而本已臃肿不堪的大学管理机构还在扩张，挤占了本应属于教师和学生的资金，如今管理大学的做法似乎已经把它当作通用汽车公司或者迪斯尼乐园的子公司。在新自由主义模式下，人们根本不谈论社会正义，不关心社会问题，不进行批判性的思考，不处理包含社会责任的问题，不实践批判性的、可能挑战新自由主义世界观的非商品化价值观。大学校长被视为首席执行官，教师被视为企业家，学生被视为消费者。大学校长因为是公司董事会成员，拥有令人咋舌的高工资，教授们则把知识传给出价最高的公司。再次，更加令人印象深刻的是大学作为批判的中心、作为充满活力的公民教育基地和关键的公共利益的缓慢死亡。如今，大学的许多老师已经去道德化了，他们越来越多地失去了权力和权威。许多人现在对现存问题冷眼旁观，要么不愿意谈论当今大学遭受的攻击，要么受制于过分专业化的语言的束缚，因为专业化已经切断了他们与从事更大的公民议题和社会议题之间的联系，而且使他们没有办法建立起与更大的民主政治之间的任何有意义联系。作为学术—军事—产业联合体的附属品，高等教育已经无益于向学生讲授如何在民主社会中独立思考，如何通过民主价值的棱镜思考自己与更大世界的关系。因此，学生被当作待消化的和被生产出来的商品和数据，他们是潜在的求职者，教育已经被贬低为就业能力培训。学生现在被教导去忽略人的痛苦，把注意力的焦点集中在自身利益上，这样一来，他们就被教育成在政治和道德真空中生活的人。新自由主义指导下的教育是一种激进的去政治化过程，抑制了学生活跃的想象力和对更加平等、公正和民主的社会的希望。①

就教育质量而言，新自由主义教育是愚民教育，教育被简化为培训，或被视为新自由主义管理模式的潜在基地或需要被私有化的资产。新自由

---

① See Henry A. Giroux, Victoria Harper, "Neoliberalism, Democracy and the University as a Public Sphere".

主义推行的政策在暗示教育不是要培养有批判能力、有能动性和道德观，并相信自己能在世界上有所作为的有文化的年轻人，而是强制推行压迫教育学，为工厂培训被动和消极的劳工。新自由主义倾向于宣扬政治和意识形态的一致性，这是一种去政治化的过程——其压迫性在于去除了教育中的任何深刻认识，使人们看不到教育能创造超越现实的未来的可能性。大学正在以前所未有的方式被公司化。所谓的改革是一种非常特别的去政治化的教育方式，受到私有利益和商业动机的驱使，完全去掉了学校和教学法中最重要方面的政治背景。如果不谈论造成不平等的机制，不谈论学校是如何获得资金支持的，不谈论如上帝创世论这种极端主义者学习模式的右翼政策的实施，不谈论将教师的技能贬低为仅仅教会学生如何考试而已等，我们怎么能够讨论学习呢？这是真正的压迫教育学。[①]

在这种去政治化的压迫性教育下，高等教育的堕落自然在预料之中。虽然仍有大学教授因为坚持非主流观点而遭受围攻，但更多的教授则屈服于权力的诱惑，堕落到不讲任何原则、不择手段地追名逐利的地步。他们对大学商业化作出的反应是总在寻找新的机会，总愿意保持沉默、安全和随时准备与渴望下一次的提拔。有太多教授屈服于企业权力的诱惑和奖励，成为摧毁理论和批判性思想工具的帮凶，背叛了他们作为潜在公共知识分子的角色。[②] 赌场资本主义摧毁了那些培养公民想象力、政治意志和实行开放性民主的能力的机构，人们不再会思考，不再会批判，不再会发表不同意见，不再会进行集体斗争；相反，赌场资本主义创制了一系列陶醉在无思想的名人文化、墨守成规和幼稚化中不能自拔的愚民文化机构。大学变成了企业国家和警察国家的前哨站，已经沦落为压迫性教学法、资本积累和管理的政治帮凶，将社会中的民主理想剥蚀殆尽。[③]

为此，亨利·吉鲁教授呼吁教师应该成为公共知识分子，承担起知识分子的责任，并提醒其他人意识到自己肩上的责任，主动为人类的痛苦作见证，教育学生成为自主的、会自我反思的、关心社会的、有责任感的

---

① See Henry A. Giroux, "On the Rise of Neoliberalism".

② See Henry A. Giroux, "Thinking Dangerously in an Age of Political Betrayal".

③ See Henry A. Giroux, "Cultures of Violence in the Age of Casino Capitalism".

人。不仅要教导学生如何批判、如何寻求真理，而且要认识到教育就是自由实践。在美国和其他地方的威权主义趋势日趋明显、国家和公司暴力泛滥的时代，大学教授有义务进入公共空间，不害怕表达自己的观点并引起争论，充当道德见证人，提升政治意识，阐明权力因素和不为公众所知的政治斗争之间的联系。他们有责任惹恼当权者，质疑普遍共识，挑战常识，为争取正义、反对不公而行动起来。①

本书对美国教育危机的论述对中国读者无疑有很大的启发和教育意义。芝加哥大学法学和哲学教授玛莎·纳斯鲍姆曾毫不客气地批评中国糟糕的教育模式。即使在培养有创造性的、负责的企业文化方面，教育也没有取得成功，更不要说培育促成稳定民主的公民这个愿景了。在涉及国家未来和人民面临的艰难选择时，学生的想象力、创造性思考或批判性分析能力并没有得到鼓励。最近一些年，中国进行了重大的教育改革，因为认识到成功的经济要求国民具有高超的分析能力、积极解决问题的能力和发明创造所需要的想象力。死记硬背的教育模式连经济富裕的狭隘目标也无法满足。教育部在 2001 年提出了《基础教育课程改革纲要》，旨在"改变过分强调死记硬背和机械训练的弊端，鼓励学生积极参与，培养勇于探索的创新精神和善于解决问题的实践能力"②。经济成功和民主稳定一样都需要良好的想象力和问责的文化。只把未来押在追求死记硬背和单纯技术进步的赌注上，却没有敢于提出不同意见的独立精神和同情心的培养，民主又能持续多久呢?③ "培养同情心和理性辩论的精神而不是培养羊群般的一致性"难道不正是亨利·吉鲁教授所期待的那种教育吗?

译者在书后制作了一个专有名称译名对照表，包括人名、地名、文献名、机构名等内容，既可以方便读者，也可以使读者监督译者的处理是否符合规范。鉴于译者知识水平和中英文功底有限，书中差错在所难免，译

---

① See Henry A. Giroux, Victoria Harper, "Neoliberalism, Democracy and the University as a Public Sphere".

② Martha C. Nussbaum, "The Ugly Models Why are Liberals so Impressed by China and Singapore's School Systems?" *New Republic*, 2010-07-01.

③ See Martha C. Nussbaum, "What We Could Learn From India and Korea," *New Republic*, 2010-08-13.

者真诚希望读者不吝指教。

  译本出版之际，译者要感谢作者亨利·吉鲁教授的厚爱和信任，感谢他在翻译过程中对译者的帮助和对译文提出的修改意见。感谢中国人民大学出版社杨宗元老师的关心和帮助。感谢中国人民大学出版社的信任和支持，感谢为本书付出辛勤劳动的编辑老师。

译者
2015 年 6 月于武汉青山

守望者书目

001　正义的前沿

[美] 玛莎·C·纳斯鲍姆（Martha C. Nussbaum）　著

　　作者玛莎·C·纳斯鲍姆，美国哲学家，人文与科学院院士，当前美国最杰出、最活跃的公共知识分子之一。现为芝加哥大学法学、伦理学佛罗因德（Ernst Freund）杰出贡献教授，同时受聘于该校 7 个院（系）。2003 年荣列英国《新政治家》杂志评出的"**我们时代的十二位伟大思想家**"之一；2012 年获西班牙阿斯图里亚斯王子奖，被称为"**当代哲学界最具创新力和最有影响力的声音之一**"。最具代表性的著作有：《善的脆弱性》、《诗性正义》。

　　作为公平的正义真的无法解决吗？本书为我们呈现女性哲学家的正义探索之路。本书从处理三个长期被现存理论特别是罗尔斯理论所忽视的、亟待解决的社会正义问题入手，寻求一种可以更好地指引我们进行社会合作的社会正义理论。

002　寻求有尊严的生活——正义的能力理论

[美] 玛莎·C·纳斯鲍姆（Martha C. Nussbaum）　著

　　诺贝尔经济学奖得主阿玛蒂亚·森鼎力推荐。伦敦大学学院乔纳森·沃尔夫教授对本书评论如下："一项非凡的成就：文笔优美，通俗易懂。同阿玛蒂亚·森教授一道，纳斯鲍姆是正义的'能力理论'的开创者之一。**这是自约翰·罗尔斯的作品以来，政治哲学领域最具原创性和影响力的发展。**这本书对纳斯鲍姆理论的首次全盘展示，不仅包括了其核心元素，也追溯了其理论根源并探讨了相关的政策意义。"

003　教育与公共价值的危机

[美] 亨利·A·吉鲁（Henry A. Giroux）　著

　　亨利·A·吉鲁（1943—　），著名社会批评家，美国批判教育学的创始理论家之一，先后在波士顿大学、迈阿密大学和宾夕法尼亚州立大学任教。2002 年，吉鲁曾被英国劳特利奇出版社评为当代 50 位教育思想家之一。

本书荣获杰出学术著作称号，获得美国教学和课程协会的年度戴维斯图书奖，美国教育研究协会 **2012 年度批评家评选书目奖**。本书考察了美国社会的公共价值观转变以及背离民主走向市场的教育模式。本书鼓励教育家成为愿意投身于创建构成性学习文化的公共知识分子，培养人们捍卫作为普遍公共利益的公立教育和高等教育的能力，因为这些对民主社会的生存来说至关重要。

004　康德的自由学说

卢雪崑　著

卢雪崑，牟宗三先生嫡传弟子，1989 年于钱穆先生创办的香港新亚研究所获哲学博士学位后留所任教。主要著作有《意志与自由——康德道德哲学研究》、《实践主体与道德法则——康德实践哲学研究》、《儒家的心性学与道德形上学》、《通书太极图说义理疏解》。

本书对康德的自由学说进行了整体通贯的研究，认为康德的自由学说绝非如黑格尔以来众多康德专家曲解的那样，缺乏生存关注、贱视人的情感、只是纯然理念的彼岸与虚拟；康德全部批判工作可说是一个成功证立"意志自由"的周全论证整体，康德批判地建立的自由学说揭示了"自由作为人的存在的道德本性"，"自由之原则作为实存的原则"，以此为宗教学、德性学及政治历史哲学奠定彻底革新的基础。

005　康德的形而上学

卢雪崑　著

自康德的同时代人——包括黑格尔——对康德的批判哲学提出批判至今，种种责难都借着"持久的假象就是真理"而在学术界成为公论。本书着眼于康德所从事的研究的真正问题，逐一拆穿这些公论所包含的假象。

图书在版编目（CIP）数据

教育与公共价值的危机：驳斥新自由主义对教师、学生和公立教育的攻击/
（美）吉鲁著；吴万伟译. —北京：中国人民大学出版社，2016.6
书名原文：Education and the Crisis of Public Values：Challenging the Assault on
Teachers，Students，& Public Education
ISBN 978-7-300-22759-7

Ⅰ.①教… Ⅱ.①吉…②吴… Ⅲ.①教育模式-研究-美国 Ⅳ.①G571.2

中国版本图书馆 CIP 数据核字（2016）第 073129 号

教育与公共价值的危机

驳斥新自由主义对教师、学生和公立教育的攻击

[美] 亨利·A·吉鲁（Henry A. Giroux） 著
吴万伟 译
Jiaoyu yu Gonggong Jiazhi de Weiji

出版发行	中国人民大学出版社	
社 址	北京中关村大街 31 号	**邮政编码** 100080
电 话	010－62511242（总编室）	010－62511770（质管部）
	010－82501766（邮购部）	010－62514148（门市部）
	010－62515195（发行公司）	010－62515275（盗版举报）
网 址	http://www.crup.com.cn	
	http://www.ttrnet.com（人大教研网）	
经 销	新华书店	
印 刷	北京联兴盛业印刷股份有限公司	
规 格	160 mm×230 mm 16 开本	**版 次** 2016 年 6 月第 1 版
印 张	10.5 插页 2	**印 次** 2016 年 6 月第 1 次印刷
字 数	143 000	**定 价** 48.00 元